POTENCIAR LA INTELIGENCIA EN LA INFANCIA

Nuevos métodos de aprendizaje

POTENCIAR LA INTELIGENCIA EN LA INFANCIA

Nuevos métodos de aprendizaje

JOSÉ FCO. GONZÁLEZ RAMÍREZ

Copyright © EDIMAT LIBROS, S. A.

ISBN: 84-9764-299-6
Depósito legal: M-48466-2002
Fecha de aparición: Febrero 2003

Colección: Guía de padres
Título: Potenciar la inteligencia en la infancia
Autor: José Fco. G. Ramírez
Diseño de cubierta: El ojo del huracán
Impreso en: COFÁS

IMPRESO EN ESPAÑA – *PRINTED IN SPAIN*

PRÓLOGO

El título de esta obra es muy sugerente para ayudar a nuestros hijos en esta faceta humana, pero habría que preguntarse antes de poder hacer cosas concretas en este complejo asunto, tratar de definir un poco qué se entiende por inteligencia, pues sin una mínima definición de lo que esto significa difícilmente podríamos ponernos manos a la obra.

La finalidad de este libro no es definir un sistema progresivo para estimular la inteligencia como cuando uno trata de aprender alguna actividad humana, sino de definir patrones que nos permitan plantear a nuestros hijos situaciones de estimulación y de aprendizaje que vayan a potenciar esta capacidad.

En realidad, la estimulación de la inteligencia no se puede hacer de manera unívoca haciendo algo en una sola dirección, ya que la inteligencia no existe como entidad sino como una realidad compuesta de muchas otras capacidades, y estimulando esas otras capacidades logramos el desarrollo del conjunto que llamamos inteligencia.

A modo de ejemplo muy utópico e irreal, podríamos considerar la inteligencia como si fuera un objeto compuesto de muchas piezas. Por ejemplo, un coche. Si yo considero al coche como un objeto de una sola pieza estaré pensando en algo que no es real. Nunca podría mejorarlo como vehículo si ignoro que su mejor funcionamiento depende de un motor y que ese motor consta a su vez de muchas piezas, y que esas piezas dan una determinada calidad.

En realidad, nunca podría mejorar el funcionamiento de un coche si creo que tiene una realidad que no existe. Pues algo así pasaría con la idea de mejorar la inteligencia cuando considero que tiene una entidad única, independiente y propia.

Nadie considera al coche como un objeto de una sola pieza, sería una barbaridad. Es el ingeniero quien conociendo cada uno de los componentes esenciales de un modelo determinado introduce mejoras que hacen luego que el coche se optimice en sus prestaciones.

La inteligencia es el resultado también del conjunto de dimensiones que es la persona en su globalidad. Y ese conjunto de dimensiones depende del diseño que el medio ambiente produjo sobre el individuo concreto. Igual que en el coche los materiales y su composición tienen una naturaleza determinada, la inteligencia tiene una base genética, pero el encaje, la calidad de su funcionamiento va a depender mucho del medio ambiente. Como la construcción del coche depende del conocimiento del ingeniero, la inteligencia también obedece a la estimulación del medio ambiente que rodea a la persona.

Pero vayamos despacio e intentemos ir definiendo la inteligencia en sus múltiples facetas, y así sacaremos conclusiones reflexivas que nos permitan generar contextos familiares y escolares positivos de aprendizaje que nos faciliten su mejor desarrollo. Esta es la propuesta que le hacemos. La ejercitación más concreta es algo secundario que podemos deducir continuamente de aquello que le exponemos, lo que iremos sugiriendo a modo de ejemplos genéricos, en fichas; usted puede luego irlas desarrollando y ampliando con relación a sus hijos, aunque no espere nunca que le demos una especie de recetario, eso es sencillamente imposible...

Me alarma mucho como psicólogo que en nuestra sociedad estemos continuamente reclamando cosas prácticas; quizá sea este un vicio en más de una sociedad profundamente materialista. Se sabe que una buena teoría siempre es la antesala de los mayores logros prácticos de los seres humanos. Sin esa curiosidad teórica, ¿nos encontraríamos quizá aún en la edad de la piedra?

Figura 1.—*La inteligencia es diseñada por el medio ambiente de un modo esencial.*

En medicina se sabe que sin el conocimiento de las leyes que rigen la microbiología y el conocimiento de los virus sería imposible prevenir las infecciones. Sin un conocimiento teórico el ser humano no puede gestar cosas prácticas en el mundo material. Así pues, querer pasar al mundo de lo práctico (tendencia actual muy generalizada), sin más, me parece una postura reduccionista y estéril.

Escuché, en cierta ocasión, a un profesor —ingeniero especializado en electricidad— cómo un alumno suyo que hacía peritaje fue a la mili y el sargento le encargó hacer en el cuartel un tendido eléctrico. El soldado, con sus conocimientos, hizo unos cálculos técnicos sobre las catenarias del futuro tendido eléctrico (cálculo de distancias entre los postes, cálculo de curvatura y resistencia de los cables eléctricos, etc.), y planteó una serie de hipótesis como tener en cuenta situaciones de viento, lluvia, nieve, para que en caso de afectar al tendido eléctrico pudiera resistir el envite de las inclemencias. Pero el sargento vio todo aquello muy farragoso e innecesario (o sea, demasiado teórico) y pasó directamente a la práctica, sin hacer caso de los consejos técnicos de su soldado ingeniero, e hizo un tendido eléctrico a su manera... Aquel invierno fue algo más crudo de lo normal y con la primera nevada, al depositarse la nieve a lo largo del tendido eléctrico, fue tal el peso, que los postes se vinieron abajo; gracias a la providencia no sucedió nada, pero podía haber sido peor.

Nunca desprecie como padre el conocimiento que se pueda tener sobre la naturaleza humana para realizar una práctica acertada con relación a la educación de sus hijos, o corre el peligro, por muy buena intención que tenga, de que todo el tendido educativo llegue un momento que se le venga abajo. Una buena preparación como padre es una buena herramienta para llegar al mundo de la práctica.

Dicen que el buen Dios es un ser que genera los mundos materiales de todos los universos, los imagina y los crea. El hombre, como imagen del buen Dios, es alguien capaz de gestar en la mente todo aquello que luego puede trasbordar al mundo de la realidad material. Cuanto el hombre piensa e imagina es posible que exista. Así que ser prácticos directamente no va con nuestra naturaleza.

Esta obra es un modelo en este sentido; nosotros le proponemos una ingente cantidad de ideas que usted puede hacer evidentes luego en la vida práctica con sus hijos para desarrollar sus capacidades.

Hubo un momento en que pensé si mantener o no el título de esta obra tal y como la presento, pues he visto en muchos autores que prefieren hablar del desarrollo del talento de los hijos más que de la inteligencia.

Finalmente he dejado la palabra inteligencia y no la de talento en el título general de la obra en reconocimiento a muchos psicólogo que estudiando eso que llamamos inteligencia reconocieron en esta facultad una multiplicidad de factores que la componen.

Así, reconociendo que cuando hablamos de inteligencia estamos hablando del ámbito psicológico y mental del talento, de las capacidades o del desarrollo cognitivo, la palabra inteligencia resulta tan válida y dificultosa de entender como cualquier otra. Así decidí no cambiar el título de esta obra. Les invito a navegar a través de este libro por el mundo de lo teórico y de lo práctico en el universo siempre complejo de lo mental o psicológico que existe en el ser humano.

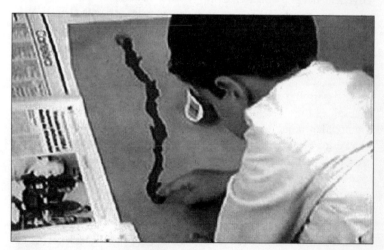

Figura 2.—*La edad temprana, aquella que se denomina infantil (cero a seis años), es determinante para el diseño básico de la inteligencia.*

Piaget, la psicología de la inteligencia 1

El planteamiento de Piaget se centra, al estudiar la etapas del desarrollo del niño, en las características psicológicas denominadas genéricamente por el nombre de cognitivo. Su planteamiento, su investigación, su experimentación fundamental, pues, se centra en este punto de vista.

El planteamiento cognitivo contempla la evolución de las aptitudes mentales humanas; la más importante en su estudio se centra en la evolución de la inteligencia, del pensamiento. Este es el campo revolucionario en el que Piaget se movió como un autor de enorme envergadura.

Si queremos estimular a nuestro hijo en sus capacidades, con el fin de desarrollar su inteligencia general, es importante intentar comprender lo que se denomina como estructura cognitiva.

Para Piaget cada etapa del desarrollo del niño estaría caracterizada por conjuntos de rasgos psicológicos. Los rasgos psicológicos no existen en la psique humana de una manera aislada, sino que esos rasgos dependen unos de otros para evolucionar y desarrollarse. Ya comentamos que el famoso filósofo existencialista Sartre decía que cuando al ser humano se le divide aisladamente se pierde su realidad, el hombre no puede ser reducido a características aisladas. Piaget hace hincapié, al decir que esos rasgos son fundamentalmente interdependientes uno de otros.

Debemos, pues, entender, ante cualquier programa de estimulación de la inteligencia, que esos rasgos son interdependientes, de tal modo que influyendo en el niño ahora podemos mejorar «el después», referido esto a los procesos de aprendizaje. Esto es importantísimo para estimular la inteligencia, ya que un momento del desarrollo psicológico no se puede entender sin tener presente el anterior.

La idea de la sincronía en el desarrollo psicológico

Para Piaget las diversas etapas del desarrollo psicológico poseen unas estructura determinada que las denomina sincrónicas. Cada etapa para él tiene su propia sincronía. Y es que cada etapa representa un «estilo cognitivo propio».

Esos estilos cognitivos establecen los límites y las nuevas posibilidades con relación al nivel evolutivo actual del niño pequeño;

sería como decir que la inteligencia del adulto no es la misma que la del niño recién nacido; cada edad evolutiva posee un tipo de inteligencia dentro de un continuo del desarrollo.

Por ejemplo, el bebé tiene un estilo cognitivo de inteligencia denominado por este autor de sensomotriz (es decir, que la inteligencia es sensorial —uso de los sentidos— y motórica —uso del movimiento corporal—). Para un niño de tres años su estilo cognitivo de inteligencia es representativo (en la mente se representa ya las cosas antes de obrar) y mágico (puede explicar los fenómenos a través de causas alejadas de su verdadera naturaleza, como hacia el hombre primitivo para explicar lo fenómenos naturales, por ejemplo). Luego, cualquier programa de estimulación que pretenda desarrollar la inteligencia debe necesariamente adaptar sus ejercicios al estilo cognitivo que vive el niño en ese momento.

Cuando un autor como Doman dice que el niño pequeño es capaz de rodar una pelota, sentirla, etc., lo que dice es que el niño, según su estilo cognitivo actual, está mentalmente asociando esta vivencia sensorial a una palabra con la que se denomina a ese objeto que rueda, y que ese sonido «pelota» lo escucha asociado a su vivencia sensitiva de rodarla. Aprende y retiene en su mente lo que significa el sonido «pelota». Pero, si además, después de tener mentalmente ese concepto le enseñamos una palabra escrita donde pone «pelota» —como un dibujo global— y le decimos que eso significa «pelota», el niño lo asocia mentalmente a su vivencia sensorial, sabe lo que es como estimulo perceptivo, no como conjunto de letras, sino de una imagen conjunta. Doman, con ello, nos está diciendo que eso es lectura para niños pequeños; nos está hablando del desarrollo de la inteligencia, pero aprovechando la estructura cognitiva que el niño ya posee.

Realmente ese no es el tipo de procesos que el adulto realiza para leer, pues el adulto al tener otro estilo cognitivo emplea procesos comprensivos que corresponden a la evolución adulta. En consecuencia, Doman presenta palabras al niño pequeño como estímulos sensitivos, visuales y auditivos, que pueden en un momento determinado a lo largo de las edades tempranas asociarse a un significado.

Desde esta perspectiva no podemos decir que este sistema de estimulación de la inteligencia realmente esté rebasando los límites del desarrollo y la maduración del niño pequeño. Es más, creemos que se adapta a ella desarrollándola. Lo realmente negativo puede ser que nos confundamos al pensar en lo que entendamos por lectura, o por inteligencia. Ya hemos dicho que la palabra lectura no puede entenderse igual en sus procesos; según esta metodología que la que se aprende usando otras capacidades, como la inteligencia del niño pequeño no es en ningún caso la del adulto. Aunque la del adulto proceda en su desarrollo de la del niño.

El estilo cognitivo propio de cada etapa se define como la «competencia básica del sujeto respecto de la cual sus diversas ejecuciones tienen sentido». En el ejemplo expuesto de Doman, presentar una palabra a un bebé como una imagen más del entorno, no entorpece ni afecta negativamente al sistema nervioso. Tampoco lo hace la presencia o la imagen de una pelota. Si cuando el niño ve la imagen-palabra «pelota», se le nombra además con la voz (o sea, que estimulamos el canal auditivo), y ya ha tenido la vivencia con la pelota real como objeto sensible, el niño pequeño, un bebé, puede entender su significado, todo dentro del orden del mundo de lo sensible y perceptivo... No estamos rebasando el estilo cognitivo de esas etapas, sino que lo estamos enriqueciendo, estamos estimulando el desarrollo intelectual. Es por tanto posible de esta u otras maneras potenciar la inteligencia del bebé o del niño en edades tempranas; pero, ojo, esta estimulación debe estar siempre al hilo del momento evolutivo y de la capacidad cognitiva que el niño posee en cada instante de su desarrollo. Pedirle cosas que pertenecieran a la naturaleza propia de una estructura de edad mental superior a su edad cognitiva sería lamentable y tremendo.

La inteligencia sensomotriz del bebé, su competencia, está en mover su propio cuerpo y asimilarlo coordinando los movimientos y las sensaciones en experiencias perceptivas que luego se interiorizan y representan.

En un niño de tres años su estilo cognitivo le permite ya representarse las cosas que antes hacía en el espacio exterior y ahora las hace en su mente, y las explica según una funcionalidad mágica de orden causa-efecto. Cada momento evolutivo, pues, tiene su sincronía, y a la vez que de «momento evolutivo» en «momento evolutivo», esas sincronías cambian, evolucionan. De ahí que cada etapa tenga con la siguiente un nexo de unión, pero con la novedad de la aparición de cosas y estructuras nuevas.

Esto es de una importancia extrema a la hora de considerar la estimulación de la inteligencia como un sistema pedagógico que puede desarrollar más la calidad de cada sincronía. Desde este punto de vista se puede entender lo acertado de la metodología Doman.

El paso de una etapa evolutiva a otra se realiza para Piaget cuando la sincronía anterior cambie, se desorganice y, seguidamente, aparezca una nueva sincronía que a su vez tiene unas características organizativas y estructurales nuevas. Este en parte es el fundamento genetista, evolutivo del concepto central de etapa en un autor como Piaget.

Tal desorganización del estilo cognitivo anterior no implica pérdida de las capacidades, sino un incremento de nueva riqueza mental. Con la estimulación de la inteligencia se puede enriquecer esa estructura para que sea de máxima calidad; por tanto, puede incluso surgir un adelantamiento temporal de una sincronía a la siguiente.

Algunas ideas:

— Piaget hace un planteamiento cognitivo al estudiar las capacidades implicadas en los procesos de pensamiento.

— Etapa: Conjunto de rasgos interdependientes unos de otros.

— Las etapas se manifiestan en las estructuras sincrónicas.

— Sartre: Si dividimos al hombre en características aisladas perdemos su realidad.

— Sincronía:

• Cada etapa tiene su estilo cognitivo propio.

• La sincronía va cambiando de etapa en etapa: al pasar de una a otra se produce una desorganización, pero a cambio se forma otra nueva sincronía.

• Ejemplo: Un tipo de sincronía correspondiente al bebé en su estructura cognitiva —inteligencia sensomotriz— es la de mover su cuerpo para asimilar patrones de movimientos corporales.

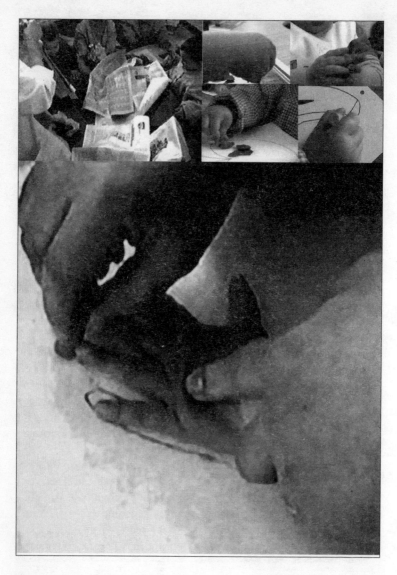

Figura 3.—*En el niño, el orden y la organización comienza a ser externo para pasar luego a ser interno, mental o psicológico. Lo que se hace con las manos, luego, es actividad representada en la mente.*

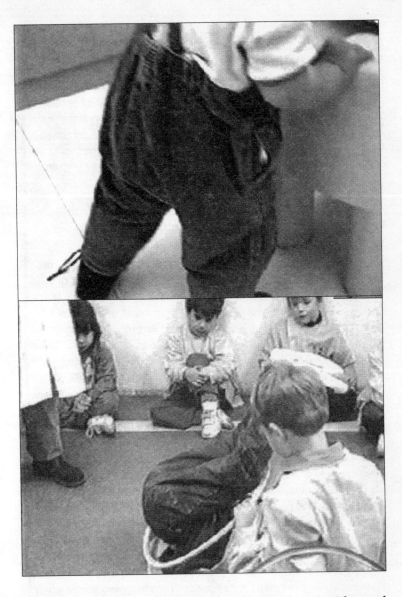

Figura 4.—*Los aspectos relacionados con los sentidos y el movimiento del cuerpo son dimensiones esenciales para el desarrollo de la inteligencia.*

Freud, la psicología de la afectividad

2

Si Piaget pone su énfasis en la caracterización del psiquismo desde un enfoque fundamentalmente cognitivo —intelectual—, Freud posee un concepto de psiquismo que va más en la línea de considerar la esfera afectiva y emotiva. Los dos hacen un aporte fundamental de la génesis del psiquismo humano.

Freud cree que el psiquismo se construye a partir de la manera que el ser humano obtiene placer orgánico. La verdad es que no podemos entender la esencia humana sin considerar que tanto la esfera cognitiva como la afectiva se interrelacionan, son parte de un mismo proceso que es la mente funcionando en el sentido humano. Son muchas las obras y los autores actuales que van en esta línea como se pone de manifiesto en las ideas actuales cuando se hace referencia al concepto de inteligencia emocional.

Aquí, en este artículo, nos interesa marcar un cuadro desde la perspectiva freudiana, aunque desde que se generaran estas ideas han surgido muchas innovaciones conceptuales por parte de nuevos autores. De cualquier modo muchas de las ideas de este gran autor tienen vigencia total.

Así, pues, en esa construcción mental basada en la manera de obtener placer orgánico se determinan tres etapas del desarrollo psicológico, y que está en relación con lo que se denomina libido (o energía).

¿Cuáles son estas etapas?

Se denominan como: 1) oral, 2) anal y 3) fálica. ¿Por qué las llama así? Porque en su aparición son las formas que el niño obtiene de placer en relación con los órganos de su cuerpo. Estas fases son básicas también para el desarrollo cognitivo, o intelectual, ya que el niño no hace nada sin tener como finalidad principal la consecución de objetivos afectivos. La afectividad está en relación al cuerpo, sus funciones y conocimiento del mismo. El concepto mismo de psicomotricidad implica que el niño pequeño integra de manera unificada la actividad motriz, la afectividad y la inteligencia. Por eso vamos ahora a pasar a revisar el sentido que puede tener para nosotros esta visión psicoanalítica de los afectos y su evolución en etapas.

Un niño no puede aprender convenientemente, ni su desarrollo intelectual puede ser óptimo sin que la afectividad esté presente en él de un modo equilibrado, y de manera adecuada. Un niño con desequilibrios emotivo-afectivos es propenso a un retraso intelectual, igual que el enriquecimiento afectivo-emotivo favorece el desarrollo de las capacidades. Pero veamos cómo son esas fases desde el punto de vista freudiano.

Fase oral

Un bebé tiene fuertemente centralizada su existencia en la alimentación, alrededor de la boca. Esto, a nivel somático, genera características psicológicas en el bebé formando rasgos de carácter. No nos debemos extrañar de esto ya que sabemos que el niño fundamentalmente a esta edad está fuertemente implicado con su cuerpo.

Su realidad psíquica está muy próxima y poco diferenciada de su realidad corporal. Psicológicamente el niño centra su afectividad en torno a la boca y sus experiencias en términos de placer o displacer.

Esta etapa caracteriológica primera se descentraliza del órgano de la boca para pasar al ano.

La estimulación oral, los sistemas de estimulación que podamos generar alrededor de este periodo evolutivo, nos indica lo importante que viene a ser no solamente ya para desarrollar las estructuras cognitivas, sino las afectivas.

Por eso los niños cuando tienen «problemas» los exteriorizan a través de localizaciones orgánicas (chupete, comida...).

Fase anal

Fundamentalmente cuando el niño sufre el aprendizaje del control de esfínteres. Las sensaciones anales cobran también su forma, placer orgánico que el niño vive de manera psicológica. En este momento sabemos que el niño vive sus heces como buenas o malas. Estas sensaciones también generan un carácter en el niño, que suponen un avance en la evolución del psiquismo sobre la fase oral.

Alguien podría decirnos que esto se aleja de la capacitación del niño y de lo que son los programas de estimulación de la inteligencia, pero no es así en absoluto. ¿Por qué?

Uno puede inmediatamente pensar que los mecanismos fisiológicos del control de las esfínteres son niveles de control del sistema nervioso que suponen en sí mismos un aprendizaje de la infancia muy dificultoso. Es decir, que aprender a controlar el «pis» y la «caca» es algo realmente importante desde el orden educativo. Tengamos en cuenta también que estas funciones que son básicamente corporales, o fisiológicas, están a su vez llenas de atenciones sociales (en casa, mamá y papá están alrededor de este control, en la escuela la educadora, donde además se hace en presencia de otros iguales, se carga a veces de características lúdicas).

La fase anal está llena de contextos. Los aprendizajes de control enurético son de gran importancia en los aprendizajes tempranos. Con sistemas apropiados podemos adelantarlos. Esto supone influir sobre el sistema nervioso para que integre antes la información.

Realmente podemos estar, por generalización, capacitando al niño para otros aprendizajes. Por tanto, con cualquier sistema que nos introduzca en el desarrollo y la maduración del niño, para que adquiera de la mejor forma posible el control de estas funciones, estamos potenciando el sistema nervioso infantil.

Si con los estímulos visuales estamos dentro del mundo de la percepción, también con el control que ejercemos de los estímulos que le llegan al niño del interior del cuerpo, estamos potenciando el mundo de la percepción, esta vez interoceptivamente, de los estímulos que nos llegan de nuestro propio cuerpo. Como vemos, estamos en una fase de una importancia extraordinaria para la construcción del psiquismo.

Fase fálica

La tercera descentralización de la libido va desde el ano hasta la zona genital. El niño centra su placer orgánico en sus órganos sexuales, lo que determina el carácter psicológico en la etapa denominada fálica, que es aquella en la que los niños manipulan sus órganos genitales con mucha frecuencia y aparecen las masturbaciones no fantasiosas del niño. Es también la edad en la que vive el llamado complejo de Edipo. La masturbación es un fenómeno que incluso obra, según describiera Freud a principios de siglo, desde el primer año de la vida.

Freud nos viene a decir que estas tres fases siempre estarán ya de alguna manera y para siempre en el adulto, en su manera de actuar y proceder.

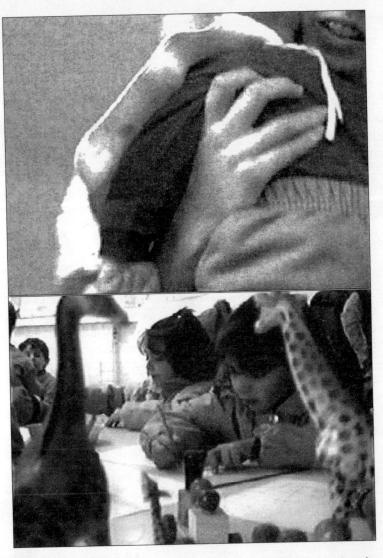

Figura 5.—*Ni el desarrollo de la inteligencia ni ningún aprendizaje pueden ser óptimos sin considerar que son las emociones y los afectos la causa principal que mueve la vida psicológica de las personas, y mucho más la de los niños.*

CAPÍTULO I

¿QUÉ ES LA INTELIGENCIA...?

Esta es una buena cuestión para comenzar a adentrarnos en la complejidad de la mente humana.

Cuenta el ilustre psicólogo José Luis Pinillos en su libro titulado *La mente humana* que en un congreso de psicólogos se propusieron definir lo que se podía entender por inteligencia humana, y era interminable la cantidad de conceptos que surgían:

«Como es lógico, había tantas definiciones como psicólogos», escribe.

Parece que alguien avispado y harto de tanta especulación intelectual, cortó por lo sano y dijo:

«Señores, la inteligencia es lo que miden los tests de inteligencia.»

Aquello sonó a un gran absurdo.

Desde entonces, parece que los psicólogos más que tratar de definir la inteligencia se pusieron a investigar los procesos, las operaciones, las ejecuciones de todo lo que se podría entender que provenía de algo que se llamara inteligencia. Y, efectivamente, se ha entendido de forma regular que la inteligencia es un conjunto de aptitudes medido por los tests.

Pero este camino parece infructuoso para comprender en profundidad lo que es la inteligencia.

Fueron muchos los que finamente vieron en la inteligencia una capacidad mental muy general que se refería a muchísimas otras capacidades mentales cognitivas, incluso últimamente a nivel popular se la relaciona con dimensiones afectivas, emotivas y sociales: inteligencia emocional.

Cualquiera que se acerque a la Psicología e intente comprender qué es eso tan popular del Coeficiente de Inteligencia (CI) verá que la medida de dicho coeficiente hace referencia a la evaluación de capacidades muy variadas, y que éstas a su vez se podrían dividir y subdividir en una multiplicidad de otras capacidades muy complejas.

Por ejemplo, la escala de inteligencia de Wechsler, para niños, nos da una medida de la inteligencia que se llama Coficiente de Inteligencia, y hace referencia a dos grandes ámbitos de la mente: Uno que se considera verbal (inteligencia verbal) y otro manipulativo (inteligencia manipulativa). Ninguna de estas capacidades intelectuales son evaluadas directamente, sino que se derivan de otras capacidades mentales que sí están sujetas a la valoración de cómo resuelven diversas situaciones presentadas a los niños en forma de tareas, en tests, con cuestiones variadas a las que tienen que responder.

Así pues, esas dos grandes subdivisiones de la inteligencia (verbal y manipulativa) hacen referencia a otros ámbitos mentales que como la inteligencia misma se componen de otras dimensiones mentales.

En lo verbal, se evalúan capacidades definidas de: 1) información (se hace una evaluación con un muestreo de conceptos para ver los que han sido asimilados por el niño); 2) semejanzas (se trata de evaluar la capacidad de poner en relación ideas o conceptos de cosas); 3) aritmética (evalúa capacidad de cálculo numérico y resolución de problemas), 4) comprensión (trata de evaluar el modo en que se comprenden conceptos de tipo verbal); 5) dígitos.

En la manipulativa se evalúan cuestiones como la capacidad para: 1) completar figuras; 2) resolver secuencias de historias lógicas; 3) manejar con cubos la formación de figuras siguiendo un modelo; 4) la capacidad de atención-concentración sobre una actividad de claves; 5) el análisis y composición de un modelo (rompecabezas).

Está muy claro que la evaluación de la inteligencia es realmente el resultado de la evaluación de otras muchas capacidades. El resultado final de todas ellas expresan algo que llamamos inteligencia.

Podríamos pensar que la inteligencia es una capacidad general de la mente que en realidad hace referencia a otras muchas cuestiones del mundo intelectual de la persona. La inteligencia no tiene, pues, una realidad concreta, no es una entidad, sino la expresión de las capacidades de la mente.

Si hacemos un análisis de las pruebas psicológicas que miden ese factor general que llamamos inteligencia, en seguida comprenderemos que lo que evaluamos en el niño, como expresión de inteligencia, es el resultado de la estimulación que el niño ha recibido a través de los aprendizajes por medio de la escuela y su familia.

Si a un niño de una edad determinada le pregunto qué es una tonelada (indago la información que tiene sobre aspectos culturales) estoy admitiendo que el aprendizaje influye en el enriquecimiento de la inteligencia. Esto es muy importante considerarlo, ya que tanto en el ámbito familiar como en el escolar influye en el niño de modo que llega a cristalizarse en inteligencia, o en conjunto de capacidades.

Los tests psicológicos, como el de Wechsler, al evaluar cuestiones como la información que el niño tiene incorporada en su cerebro, lo considera como un factor que influye en la inteligencia verbal; reconoce así que el influjo de la información que recibe el niño tiene una expresión en el ámbito mental, intelectual.

Una idea práctica para potenciar la inteligencia de nuestros hijos consiste en enriquecer la esfera verbal a través de estimular la información del niño.

Mas tengamos aquí mucho cuidado, no pretenda que un niño asimile el concepto de tonelada antes de tiempo y pueda estar fastidiándole cuando tiene ocho años, por ejemplo; aunque sí podrá trabajar con él otro tipo de información, como saber cuántos días tiene una semana.

Pero, ¡ojo!, no trate de que asimile esto un niño que tiene dos años, pues la sucesión temporal aún no es capaz de percibirla, aunque con un niño de dos años puede trabajar aspectos auditivos con secuencias musicales que le permitirán capacitarle para percibir el tiempo a través del sonido.

La inteligencia en cada momento de la vida posee su singularidad, y unas cosas preparan y sientan las bases para que se puedan hacer otras.

Como hemos visto antes en el ámbito de la información que recibe un niño, hay que saber lo que hacemos en cada momento. Pero también hay que conocer que en cada edad se pueden hacer muchas cosas para estimular la inteligencia.

Sigamos reflexionando en el ámbito de la información (constituyente ésta de un aspecto del desarrollo general de la inteligencia verbal). ¿Cómo podemos actuar en las diversas edades?

Es verdad que alguien puede pensar que Velázquez es un autor que yo puedo tratar de saber si lo conoce un adolescente a la edad de catorce, o dieciséis años, o incluso antes, mediante un test que evalúe la información que éste posee.

A un padre le puede parecer excesivo que Velázquez esté presente en la información que demos a un niño de dos años, por ejemplo. Pero eso es un error si sabemos exactamente lo que hacemos a la edad de catorce años con esta información y lo que se hace cuando damos información sobre Velázquez y el niño tiene dos o tres años.

Sé que hay personas, porque lo he vivido, que al visitar el museo del Prado han visto a grupos de niños muy pequeños (tres, cuatro y cinco años) delante de un cuadro de este u otro autor; por ejemplo, delante de *Las Meninas,* y sé los comentarios que hacen los sorprendidos visitantes adultos cuando escuchan a estos niños comentar cosas sobre los cuadros de un autor. Todo el mundo queda atónito y silencioso, aunque cada día esto es más natural verlo, y más comprensible también.

Si un padre, en su casa, tratase de que un niño en edad infantil asimilase las técnicas pictóricas de Velázquez y pretendiese que el niño supiese las corrientes de la historias del arte, o algo así, estaría cometiendo un error de base.

Sin embargo, si en vez de un libro de dibujos le enseñamos al niño fotografías de cuadros de Velázquez, le decimos cómo se llaman esos cuadros y le comentamos de manera infantil qué hay allí, etc., lo que hacemos es estimular su capacidad de información alentando su experiencia auditiva y visual, y el niño llega conocer a Velázquez y a discriminar básicamente su arte, su estilo... Esas imágenes quedarán ya en su memoria no como razonamientos de técnicas y corrientes pictóricas, sino como una experiencia visual ante el color y la forma.

Con ello se estimula la capacidad de información del niño, y a su vez eso produce su efecto a nivel de inteligencia. Podríamos decir lo mismo con el sentido del oído y la música. Escuchar a un autor es una experiencia auditiva muy significativa para un niño pequeño, independientemente del significado cultural de esa obra que escucha. Al niño hay que presentarle estímulos sensitivos y procurar no evaluar el contenido de esa información cuando está en edad infantil.

En el sistema de Doman, cuando se le enseña al niño pequeño una palabra, no se trata de llegar al conocimiento silábico y fonológico de ese concepto, eso es una abstracción que el niño podrá hacer más

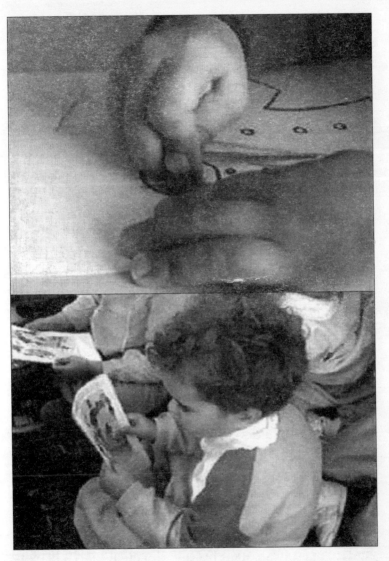

Figura 6.—*La inteligencia es una capacidad mental producto de muchas otras capacidades. Si estimulamos a través de los aprendizajes las capacidades menos generales y más específicas estamos ayudando a que el niño sea más inteligente.*

tarde. Se le presenta la palabra como una imagen global, como cuando el niño está delante de la realidad que le evoca el significado de su experiencia con las cosas y las acciones.

La palabra del método Doman que se le presenta al niño en una cartulina blanca y letras en rojo es para el niño realmente una experiencia visual; o sea, es una palabra-imagen (estimulación visual) que cuando se pronuncia (estimula la percepción auditiva) adquiere para el niño un significado. Cuando el niño vea esa palabra-imagen, en cualquier circunstancia, le evocará el significado aprendido; también cuando la oiga.

Bueno, a eso se le puede llamar lectura, ¿por qué no? Cuando el niño ve esa palabra sabe cuál es su significado. Y así con multitud de otras cosas.

Toda esa estimulación organizada que recibe el niño a través de los sentidos estimula el cerebro y sus capacidades mentales, o sea, estimula la inteligencia.

La inteligencia, pues, no es una cosa concreta a la que podamos llegar de un modo directo, sino que es la consecuencia de muchos procesos mentales. Esos procesos mentales se enriquecen gracias a la estimulación del entorno que rodea al niño. Su entorno es responsable directo de estimular más o menos la inteligencia. Es decir, el medio que rodea al niño puede favorecer esa inteligencia cuando se sabe cómo organizar acciones concretas que lleven al niño a la ejercitación mental de sus capacidades. El desarrollo de la inteligencia depende así de estas acciones.

Pero sigamos razonando con la idea del Coeficiente de Inteligencia de Wechsler y extraigamos más conclusiones sobre lo que puede ser la inteligencia y su estimulación.

En esta prueba, conocida popularmente como *Wisc,* hay un factor que se denomina Claves y que forma parte de la evaluación de la inteligencia.

Razonemos un poco sobre este factor parcial de la inteligencia. En realidad, lo que llamamos Claves es un aspecto del ámbito de la inteligencia manipulativa que mide el nivel de atención que presenta el niño ante una tarea donde tiene que observar, retener de modo inmediato una información.

Ni la memoria ni la inteligencia ni ninguna capacidad intelectual son posibles sin los procesos mentales de la atención.

Cuando decimos que nos falla la memoria porque no sabemos dónde ponemos las llaves de casa, por ejemplo, en realidad lo que nos está fallando no es la memoria, sino la atención. La atención nos permite enfocar algo sobre lo que vamos a actuar con nuestras capacidades mentales. Sin ese enfoque de la conciencia es imposible retener detalles, aprender, memorizar, recordar...

Cualquier tipo de actividad intelectual suele echar mano de los procesos de la atención. Sabemos que si educamos al niño, o tiene capacidad de atender, ese niño es más inteligente, más capaz de resolver situaciones. Según madura en los procesos de la atención también los aprendizajes serán más eficientes.

Los que nos dedicamos a la educación sabemos cuán importante es educar la atención-concentración en los niños pequeños, y cómo eso es fuente de un desarrollo más eficaz para aprender y ser más capaz. Un niño que no atiende, que no se concentra en las actividades, es un niño que corre serio peligro de retrasarse y ser intelectualmente más corto.

Si es verdad que eso influye en la dirección del retraso en aprender, también lo es que cuanto más eduquemos la atención del niño en edad infantil más eficaz será su cerebro para aprender mejor, y por tanto, ser más inteligente.

Ahora bien, para que un niño atienda a lo que le proponemos y le interese hay que hacer que se motive por ello, que le guste, que sea feliz haciendo algo.

Encontrar la motivación del niño pequeño para que atienda a una actividad no es fácil si de un modo natural el niño se desentiende. Una manera de salvar este escollo para estimular la atención de nuestro hijo es que las cosas le resulten lúdicas. El juego es un vehículo esencial en la didáctica y la pedagogía del niño pequeño.

La atención también resulta favorecida cuando presentamos al niño cosas cuya dificultad puede ser fácilmente vencida, de tal modo que cuando resuelve algo a la vez eso le llena de satisfacción. Hay que presentar al niño actividades graduadas a su capacidad actual, que respeten su maduración, su ritmo de aprender y su desarrollo.

Esto no quiere decir que la mejor manera de actuar sea no ponerle en ningún contexto educativo y de estimulación. Eso le llevaría a una falta de entrenamiento intelectual y al retraso; lo otro, a la superación personal en la medida de sus posibilidades. La educación de la atención es un factor esencial en el universo de los aprendizajes; sin ella no puede existir ninguna otra capacidad...

Como podemos intuir, estimular la inteligencia no es cuestión de trabajar una serie de ejercicios mágicos que nos lleven al misterioso mundo del talento. No. La inteligencia se gana con el entrenamiento global de la capacidades, y esto alude a muchos ámbitos de la mente incluidos los emocionales.

Hay un aspecto que evalúa la prueba *Wisc* para hallar el Coeficiente de Inteligencia en el ámbito verbal que se llama vocabulario. ¿Qué tendrá esto que ver con la inteligencia?

Si yo le preguntase a un niño de seis años qué es un cuchillo, y se quedase mudo ante la pregunta, sabría que esos sonidos (las sílabas que componen esa palabra) nunca llegaron a sus oídos o, al menos, jamás los retuvo como palabra significativa, y si observo que eso le sucede con muchas otras palabras familiares y comunes, podría pensar en un déficit en su vocabulario, y por lo tanto, que su comprensión es escasa, y a la vez creer que su inteligencia puede verse afectada en esta dimensión.

Se ha confirmado que la inteligencia tiene mucho que ver con la riqueza conceptual que el niño va adquiriendo a través de la adquisición de su vocabulario. En general, la impresión que se tiene consiste en que cuanto más hablemos a los niños pequeños, con mucha riqueza de palabras (sonidos organizados con un significado), más inteligente se tornan.

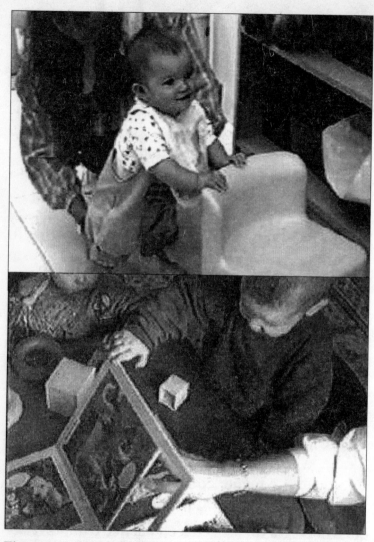

Figura 7.—*La inteligencia es un factor que crece de manera exponencial durante la infancia; de aquí la importancia de estimular al niño durante estas edades. Autores como Doman observa que ya es tarde después de los cinco años porque el cerebro ha adquirido su estructura definitiva. Quizá eso sea muy drástico.*

34

A los niños pequeños, aun cuando no hablen todavía, hay que llenarles de sonidos, de vocabulario. Antes de hablar comprendemos las cosas, retenemos los sonidos a la vez que los llenamos de significado. El niño antes de hablar comprende, entiende. Antes que articular palabras existe el proceso previo de la comprensión de las mismas.

El niño para saber qué es un cuchillo, tuvo antes que oír los sonidos de esa palabra «cu-chi-llo», y ponerlos en relación a un significado. Observó probablemente que el cuchillo se usa a la hora de comer, cuando se pela una manzana, al cortar algo, vio cómo su madre lo utilizó en la cocina, le dicen que no lo toque porque corta...

Ve que todo eso sucede cuando los sonidos «cu-chi-llo» están en el aire y llegan a sus oídos y a su cerebro, y logra acumular una experiencia asociada al conjunto de sonidos —palabra cuchillo—. Esos sonidos adquieren, pues, un significado y pasan a ser parte del proceso de la comprensión del mundo que le rodea.

Los sonidos organizados en el cerebro llevan al niño a la comprensión de los acontecimientos que le rodean. La mente comienza a comprender abstrayendo y representándose las cosas, simbolizando con las palabras, asociando sonidos con significados...

Esto que el niño hace continuamente en su entorno familiar y escolar es parte de la gimnasia de la inteligencia, parte del proceso de la estimulación del cerebro.

Antes de hablar registramos todos los sonidos que podemos; por eso muchos niños cuando comienzan a expresarse verbalmente saben mucho más de lo que dicen. Los padres saben muy bien que ocurren estas cosas. A veces, cuando los niños quieren transmitir tanta experiencia acumulada se atropellan y observamos fases de tartamudeo.

En todo esto hay un cerebro en acción a nivel neuronal y una mente que crece y se hace más compleja. Si evitamos de alguna manera el enriquecimiento de ese vocabulario (contexto lingüístico en general) empobreceremos el potencial intelectual de nuestro hijo.

Esto se ha puesto en evidencia en los niños que fuera del entorno humano (niños-lobo) desarrollaron su infancia. Una de las repercusiones de esas tragedias fue la de producir un déficit intelectual del que esos niños nunca se recuperaron.

Si esto es verdad, en el sentido negativo de las cosas que hemos comentado anteriormente, también lo es en la dirección positiva. Es decir, estimular el lenguaje, el vocabulario, desde la infancia es fuente de desarrollo intelectual.

La inteligencia debe mucho de su naturaleza al mundo de los sonidos, la palabras, al mundo del vocabulario y cualesquiera otros contextos lingüísticos.

De este modo podríamos hablar casi sin límites de las cosas —capacidades o factores— de los que se compone la inteligencia. Pero en este enfoque sólo existiría un peligro: ¿es verdad que podemos subdividir en capacidades aisladas el desarrollo de nuestra inteligencia o la de nuestros hijos?

Nunca olvidaré la impresión que me produjo cierta lectura del filósofo francés Sartre cuando en una de sus obras leí que si en la ciencia de la psicología experimental trataba de dividir al hombre en una ingente cantidad de facetas mentales, como la inteligencia por un lado, por otra en memoria, por otra en percepciones, por otra en imaginación, por otra..., se podría perder la esencia del propio hombre; es decir, de ese modo el hombre dejaba de existir y lo que se estudiaba era probablemente otra cosa...

Esta es una idea que siempre me ha llevado a ser altamente prudente como psicólogo, y desde luego está muy claro que no podemos ver una cualidad humana sin referirla a su totalidad. Esto significa que no podemos entender la inteligencia sin referirla al ser humano global.

Sería muy difícil hablar de inteligencia sin considerar la memoria, la afectividad, la percepción y la sensación, la relación social... o sea, al hombre con todas sus realidades mentales. ¿Qué es la inteligencia? Algunos la definen como la capacidad de adaptarse al medio que nos rodea. Bueno, eso es una definición de la inteligencia.

Si tratamos la inteligencia del niño en la edad infantil esa definición es válida. Pero, ¿qué tipo de inteligencia existe en el hombre? José Luis Pinillos nos comenta la diversidad de corrientes filosóficas que aluden a la idea de que el hombre «tiene que inventarse su vida». El hombre es un ser errante, fuera de la naturaleza, en la que continuamente tiene que crear, hacer su mundo con su mente. Es un ser simbólico, diría Jung.

Creo que siguiendo la idea de Sartre hay que pensar en la inteligencia como una capacidad globalizada que en realidad no es nada por sí misma si no se entiende en el conjunto de lo que es el ser humano. Lo mismo podríamos decir de la memoria. No podemos entenderla sin tener presente la globalidad del ser humano. Si queremos estimular la inteligencia deberemos trabajar con nuestro hijo de un modo globalizado en todas las direcciones de las experiencias, incluidas las sociales y afectivas.

Se podrían malinterpretar palabras como las de un psicólogo tan reputado como lo es José Luis Pinillos cuando dice literalmente sobre el desarrollo de la inteligencia:

«La inteligencia comienza por ser una función biológica y, como tal, posee unos límites específicos que varían, además, de individuo a individuo dentro de la especie. Cada persona, en efecto, viene a la vida con un techo intelectual determinado de antemano por la herencia o procesos ocurridos durante la gestación. En general, el tope impuesto por la herencia es insalvable, al menos por ahora. Lo que ocurre es que probablemente la mayoría de las personas permanecen durante toda la vida muy por debajo de sus límites. La superioridad de los genios no se debe exclusivamente a los elevados cocientes intelectuales con que una naturaleza generosa ha querido dotarlos, sino asimismo a las posibilidades que les brindan sus circunstancias sociales, y muy especialmente, al esfuerzo personal por realizarse a fondo como individuos.»

Nadie puede negarle a la inteligencia su dimensión biológica, como no se puede hablar del hombre en general sin tener en cuenta que es función directa de un cuerpo que le limita. La herencia está condicionando a la inteligencia en la medida en que esa capacidad es transmitida y condiciona a cada individuo.

Ese techo intelectual que se debe a la herencia es lo que, actualmente, muchos autores ponen en tela de juicio que sea de tanta determinación como se ha creído tradicionalmente, y como dice este autor, no sólo los procesos que ocurren durante la gestación, sino en el transcurso de los primeros años de la vida forman parte importante de esos límites de la inteligencia. Y por otro lado, cada día es más evidente que el entorno condiciona profundamente la inteligencia y sus posibilidades presentes y futuras.

Por ejemplo, dice Lewin: «Las limitaciones genéticas al crecimiento intelectual no existen... Existe el acuerdo general de que tanto los factores géticos como el entorno ejercen una importante influencia en el desarrollo... No hay duda de que los límites superiores de la capacidad mental de la humanidad vienen impuestos por la forma en que el cerebro está constituido... Los límites máximos que determinan genéticamente las fronteras de la capacidad intelectual humana, carecen de importancia práctica. Hay muchas y evidentes razones para suponer que nunca nos acercaremos a los límites de la capacidad mental. Se ha calculado que incluso los mejores pensadores del mundo utilizan menos de la mitad de la energía cerebral total, mientras que la persona media solamente usa una fracción de sus capacidades intelectuales disponibles.»

La verdad es que podría pensarse que el potencial intelectual humano tal y como nuestra especie lo usa está muy por debajo de su capacidad. Pero, ¿en qué momento es posible arrancar más posibilidades a nuestro cerebro?

Otro psicólogo, H. J. Eysenck, en su libro *Cómo conocer Ud. mismo su coeficiente de inteligencia*, nos dice que:

«El crecimiento y declive de la capacidad mental con la edad ha sido investigado por muchos psicólogos y en los resultados se observa un crecimiento muy rápido desde el nacimiento hasta los doce años aproximadamente, que luego se hace más lento, llega a su máximo alrededor de los quince años, se mantiene razonablemente constante durante un cierto período y luego comienza a declinar.»

Ese crecimiento rápido que se produce en los primeros años de la vida se está observando por muchos investigadores como de una importancia esencial. Es quizá durante la infancia cuando a través de la estimulación global y estructurada del cerebro podríamos lograr una máxima expresión que nos llevase a una mejora esencial de nuestras capacidades individuales, no importando el techo máximo a lo que pudiéramos llegar. Es decir, que la infancia es piedra angular para que nuestro hijo pueda hacer uso en cualquier momento de su vida de un cerebro con unas capacidades disponibles superiores a las que podría tener si no lo estimulásemos adecuadamente.

Actualmente, los psicólogos están empeñados en que todo el mundo sea más inteligente, pueda de alguna manera usar al máximo sus posibilidades mentales. Y cada día es más evidente que ese hecho se relaciona inevitablemente con el entrenamiento que supone el aprendizaje, y que ello es determinante en la infancia.

Luego, todo comienza a ser más dificultoso, aunque el límite para mejorarse uno a sí mismo puede no terminar si no existe un cerebro deteriorado desde el punto de vista de la funcionalidad orgánica. Podemos estar toda nuestra vida dando saltos para mejorar nuestra marca que nos acerque un poco más al límite de nuestras altas capacidades intelectuales como especie, y podemos no llegar nunca a desarrollarnos con un nivel que podamos llamar suficiente para las posibilidades de nuestro cerebro natural...

La infancia, pues, es la llave de la mejora de la inteligencia del ser humano para acercarse un poco más a sus verdaderos límites.

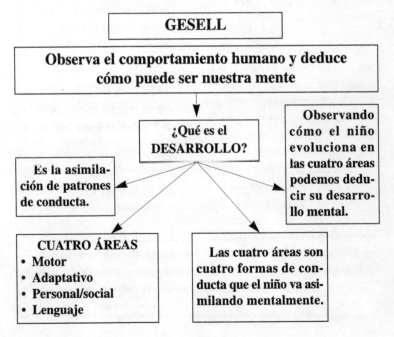

esell, a psicología de la conducta

3

El conjunto de teorías de autores diversos nos dará una visión múltiple del desarrollo psicológico del ser humano y nos permite establecer ideas básicas para desarrollar programas de estimulación de la inteligencia, si entendemos que ésta se puede enriquecer favoreciendo al máximo las características positivas del desarrollo.

Gesell es fundamentalmente un observador del comportamiento humano y, a partir de la observación de la conducta del niño, deduce la evolución de la psique. Su postura es evidentemente conductista.

Gesell llegó a crear unas escalas del desarrollo y su propia teoría sobre la evolución de la mente. Centró su observación de la conducta del niño en cuatro áreas: la motora, la adaptativa, la verbal y la social. El influjo que el niño recibe en esas cuatro facetas, interrelacionadas entre sí, es la base del desarrollo mental y psicológico del niño.

Pero, ¿qué es el desarrollo psicológico para este autor?

El desarrollo psicológico consiste en un proceso de asimilacion mental de patrones de conducta; a medida que el niño va asimilando esos patrones conductuales, evoluciona psicológicamente. Para enriquecer las capacidades del niño básicamente debemos tratar de enriquecer esos patrones de conducta a través del ejercicio, lo que favorecerá el proceso de asimilación mental.

Pero, ¿cuales son esas conductas, o mejor dicho, esos patrones de conducta que el niño debe asimilar?

Gesell divide, según ya hemos dicho, en cuatro áreas o campos de conducta sobre las que este autor realiza sus observaciones más importantes: El motor, el adaptativo, el personal-social y el lenguaje.

El niño va asimilando estas cuatro formas de conducta. Este autor representa una perspectiva diferencial y complementaria a los otros dos autores ya explicados: Piaget y Freud.

El énfasis de Gesell está en que partiendo de la observación del niño, de su comportamiento, podemos deducir la manera como se desarrolla su psique, que es interna y no visible. Más tarde la psique se caracteriza, o singulariza, por sí misma.

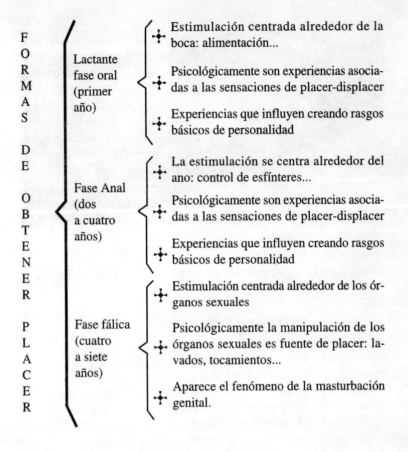

FORMAS DE OBTENER PLACER

Lactante fase oral (primer año)
- Estimulación centrada alrededor de la boca: alimentación...
- Psicológicamente son experiencias asociadas a las sensaciones de placer-displacer
- Experiencias que influyen creando rasgos básicos de personalidad

Fase Anal (dos a cuatro años)
- La estimulación se centra alrededor del ano: control de esfínteres...
- Psicológicamente son experiencias asociadas a las sensaciones de placer-displacer
- Experiencias que influyen creando rasgos básicos de personalidad

Fase fálica (cuatro a siete años)
- Estimulación centrada alrededor de los órganos sexuales
- Psicológicamente la manipulación de los órganos sexuales es fuente de placer: lavados, tocamientos...
- Aparece el fenómeno de la masturbación genital.

En el adulto quedarán para siempre fijadas esas experiencias básicas de la infancia formando parte de la personalidad.

Vivencias muy desequilibradas en este sentido pueden formar rasgos de una personalidad desorganizada.

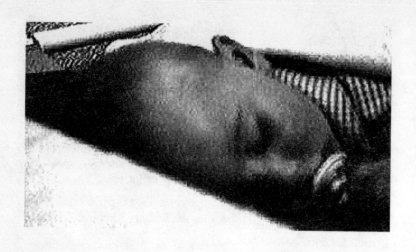

DIVERSAS PERSPECTIVAS PARA OBSERVAR AL NIÑO

PIAGET

ESTADIOS COGNITIVOS:

1 mes: Reflejos.
2 meses: Reacciones circulares primarias.
5/8 meses: Reacciones circulares secundarias.
9/12 meses: Conocimientos sobre lo desconocido.
12/18 meses: Medios nuevos. Expresión activa.
18 meses/2 años: Medios nuevos por combinación

FREUD

FASES DEL DESARROLLO:

1.— FASE ORAL
2.— FASE ANAL
3.— FASE FÁLICA

GESELL

**CONDUCTA: SIETE ESTADIOS BASADOS
EN PATRONES DE CONDUCTA:**

— MOTRIZ
— ADAPTATIVA
— PERSONAL-SOCIAL

44

Potenciar la comprensión hablando al niño

4

Estimular la comprensión a través de la palabra hablada: hablar al niño.

El lenguaje aparece estrechamente ligado al proceso cognitivo de pensamiento; es decir, al desarrollo de la mente, como capacidad para representarse las cosas. Cuando el pensamiento es capaz de representación — pensamiento representativo— también el lenguaje inicia su actividad justo en este momento, por lo que lenguaje y pensamiento guardan una estrecha relación; por tanto, el lenguaje no puede ser indiferente al proceso de desarrollo general de la inteligencia.

Pero tratemos de ver esto de un modo más pausado. A veces, tiene uno la sensación de que todas esas funciones pertenecieran a un proceso cognitivo uniforme y global, y quizá sea así, pues no es alocada la idea de que el niño es ca-paz de mayor inteligencia cuando el ambiente que le rodea proyecta un rico lenguaje de conceptos verbales; así lo demuestran multitud de investigaciones.

Hay una interrelación entre ambiente y capacidades cuando el niño está rodeado de estímulos culturales; entre los más esenciales, en la infancia, encontramos el lenguaje hablado. Las clases sociales con mayor acceso a la cultura se ven claramente favorecidas también en el desarrollo de unas mejores capacidades intelectivas para sus miembros.

Esto nos lleva a deducir que las familias deben enriquecer lo más posible el lenguaje conceptual con que se dirigen a los hijos, para que éstos cristalicen mejores aptitudes generales, como lo es la inteligencia. Esto no impide admitir que desde el punto de vista genético las personas vengamos determinadas, en cierta medida, por lo biológico. Emplear durante la infancia un leguaje rico en conceptos beneficia a todas luces una cristalización favorable de la inteligencia.

La palabra no deja de ser, en la mente, una asociación entre el signo y lo que representa. En realidad, la palabra como signo es un acuerdo cultural, o social, y no existe en consecuencia una relación lineal entre la palabra y la realidad representada en ella.

La palabra «pelota» —como signo— no tiene relación con la pelota real, ni la palabra «libro» con el libro real, ni la de «perro»... Las palabras no son la realidad que representan, son acuerdos, un

45

acuerdo que se ha establecido en la comunidad de hablantes de una lengua; y esto es lo que hace que las palabras tengan referencia con la realidad; las palabras evocan en la mente la realidad gracias al acuerdo que existe en una comunidad de hablantes. Alguien que no supiese nada de inglés —no conociese nada de ese acuerdo entre un signo y la realidad— quedaría sin conexión de referencia si alguien le dijese: «book». Este acuerdo, pues, es de orden cultural, cada comunidad posee el suyo formándose los idiomas.

Esta desnaturalización de la realidad, que pasa a ser transmutación del orden externo al orden interno, o mental, es uno de los rasgos que más distinguen al ser humano de otros seres del reino animal. Es decir, que, mediante convenios, el ser humano se refiere a la realidad alejándose de ella. Esta capacidad de manejar conceptos representados en la mente es lo que sólo el hombre puede usar por su capacidad mental, por su capacidad de operar con abstracciones, y todo eso es parte de los procesos de pensamiento, a la vez que el uso que se hace de la abstracción que representan los conceptos está en buena medida relacionado con las aptitudes. Pero, a su vez, el ejercicio mismo, al usar los conceptos abstractos, es en lo que se basa el desarrollo de la inteligencia y multitud de otras capacidades. El empleo del lenguaje nos hace cristalizar inteligencia y capacidades.

Probablemente, a través de la historia, el hombre es más inteligente, más capaz de hacer uso de sus herramientas y multiplicarlas en sus fines, según va también creciendo su capacidad de comunicación. La ciencia continuamente abstrae creando su propio lenguaje de signos que, a nivel mental, permite nuevas reformulaciones y nuevos descubrimientos; esto probablemente es lo que podríamos llamar incremento de las capacidades de la especie.

El lenguaje es singular del ser humano cuando lo emplea con los procesos propios con que lo hacemos, procesos a los que ninguna especie ha tenido acceso hasta el momento actual. El lenguaje se corresponde con uno de los elementos de su naturaleza que más le distingue.

Está muy claro que el lenguaje hablado primero es entendimiento, desciframiento de sonidos, asociación de palabras y experiencias sensitivas y perceptivas, y asociación entre conceptos internos ya asimilados, etc.

Desde el punto de vista de la estimulación de la inteligencia es fundamental considerar la conducta verbal como una consecuencia del proceso de comunicación, cuyos antecedentes, antes que articulatorios (lenguaje hablado) han sido mentales (comprensión y retención de conceptos —sonidos—). Para nadie es un secreto que el niño pequeño que se inicia en el lenguaje hablado sabe y entiende más de lo que puede expresar articulando.

Es por tanto esencial, en el proceso de estimulación de la inteligencia, en niños pequeños, poder activar los aprendizajes que anteceden y están conformando y posibilitando la conducta verbal (hablar), como son el acceso por parte del infante a un rico vocabulario que le lleve a unos buenos niveles de comprensión de lo que le rodea. Es decir, es bueno hablarle mucho a los niños que aún no se han iniciado en el lenguaje hablado; hacer que nuestras interacciones estén plagadas de verbalizaciones por nuestra parte, pues el niño, aunque no sepa hablar, retiene lo que oye, forma conceptos a través de memorizar conjuntos de sonidos —las sílabas que componen las palabras y las palabras que componen las oraciones, el discurso, etc.—. Con esto activamos la comprensión; de alguna manera esta capacidad antecede a la conducta verbal. Si posibilitamos el acceso del niño a un mundo de palabras que son abstracciones convenidas por una comunidad de hablantes, lo que estamos potenciando es una capacidad mayor de pensamiento representativo, y con ello potenciamos la inteligencia.

Presentación de un bit del método Doman.

47

Figura 8.—*A la articulación del lenguaje hablado en el niño antecede la capacidad de comprender. Antes de hablar organiza una ingente cantidad de registros sonoros asociados a multitud de experiencias con significados. Esa es la base de la comprensión, y parte de la estructura de la inteligencia.*

CAPÍTULO II

LA AFECTIVIDAD
EN EL DESARROLLO
DE LAS CAPACIDADES

Para el neuropsicólogo americano Priban, el cerebro lo estamos utilizando en cada momento de nuestra vida de una manera total, y pone el ejemplo de un televisor cuando está encendido pero no retransmite nada; está funcionando de igual forma que cuando lo tenemos programado en una determinada banda de frecuencia. El que funcione de uno u otro modo va a depender de cómo lo programemos.

Las capacidades son la manera en que programamos ese cerebro. El cerebro se puede programar mejor cuando el niño es pequeño, pues su estructura es más abierta y flexible. Esa programación depende de hechos y contextos educativos.

Pero no hay que confundirlo con una idea mecanicista si lo que queremos es estimular el cerebro de nuestro hijo. Lo que debemos establecer es una relación estimulante, una relación humana que no debe ser un dominio del adulto total sobre el niño pequeño.

Lo que tenemos que fomentar es el intercambio entre los padres y el niño, y no establecer una relación única de «dar» —el adulto— y «recibir» —el niño—. Considerándolo, en cada momento, como persona total merece por nuestra parte el mayor respeto. No es un adulto en potencia.

Esto es un principio fundamental, pues como escribe David Lewis, «lo que los padres sienten hacia sus hijos tiene una profunda influencia en la forma en que cada niño siente acerca de sí mismo».

Ese es un concepto básico que alude al nacimiento de la autoestima de nuestro hijo, que condiciona al niño en su alma desde la más profunda de las realidades; de tal modo que incluso el desarrollo de las propias capacidades depende de ello.

La inteligencia si no es fortalecida por una buena autoestima puede no valer para nada, y el niño puede transformarse en un ser amorfo de capacidad inútil; de tal manera que, aun teniendo buenas capacidades, con los aprendizajes pueden llegar al fracaso. La inteligencia en la esfera de la autoestima negativa no vale para nada, ni se puede desarrollar en un sentido positivo.

En cierta ocasión, una profesora de un colegio con la que hablaba sobre estos asuntos decía que cada día ella era más consciente de la importancia que tiene la autoestima en los niños cuando se están escolarizando.

—La autoestima es de mucha importancia —decía esta educadora de niños de seis a siete años—. Hay niños que desde luego el aprendizaje en el momento en que tú les estimulas por la afectividad, ¡no veas cómo suben en su capacidad de hacer las cosas! En cuanto les valoras en su trabajo por muy poquito que sea, de un modo positivo, se nota en la forma de rendir. La autoestima es esencial. Debería trabajarse la autoestima en clase de una manera clara y rotunda.

Hoy en día es más frecuente ver que en los medios escolares la educación de la inteligencia emocional viene siendo un tema recurrente, al que muchos profesores son extremadamente sensibles. Se han dado cuenta desde hace ya mucho tiempo que influir de modo positivo en las emociones, sentimientos y afectos de los alumnos es una garantía para que esos niños aprendan más y mejor. En un libro titulado *La autoestima en los hijos*, escribía: «Sentirse bien y seguro es la base de la personalidad humana equilibrada. Ver crecer a nuestros hijos bajo el prisma de la seguridad personal es un auténtico objetivo. Las fuentes del éxito familiar y social se apoyan en la seguridad que cada componente de la familia adquiere en la relación que establece con su propia persona, en el prestigio que cada cual va adquiriendo de sí mismo en el seno familiar. Si logramos que nuestros hijos adquieran seguridad en sí mismos estamos elaborando para ellos el mejor futuro. Esa confianza básica se proyecta luego en el medio escolar y social. Las familias, con sus conductas, pueden hacer que sus miembros se estimen o se odien, se quieran o se desprecien. Se ha comprobado que una autoestima alta en nuestros hijos se corresponde con una mayor capacidad para lograr muchos otros objetivos: estudiar mejor, integrarse y tener mejores habilidades con relación a lo social, ser más querido.»

—Cuando se valora lo que hacen los niños se observa que hay un incremento de la motivación. Están motivados —comenta la profesora—, para hacer más cosas y mejor, y es lógico... A todos nos gusta ir hacia delante en nuestras cosas, que nos lo digan y que nos apoyen; pues, con mucha más razón, a los niños. Una alumna mía que se llama Isabel es un ejemplo de afectividad. Esta niña tiene en todo un ochenta por ciento de afectividad. «Seño, te quiero», dice, y a cualquier persona adulta se agarra con un carácter absolutamente afectivo. Los niños son fundamentalmente afectivos.

Todo esto nos lleva a pensar que los padres cuando están con sus hijos lo que están realmente es viviendo el efecto recíproco de sus relaciones. Las emociones que los hijos y padres sienten mutuamente, su convivencia diaria repercute de tal modo en el niño que realmente cuando éste es pequeño la afectividad y las emociones que se trasvasan están formando la personalidad del hijo; afectan a la propia autoestima del niño, a la seguridad que siente sobre su persona, a su confianza básica.

«Si nuestro hijo no tiene una autoestima positiva corre mucho más riesgo a la hora de adaptarse a las múltiples exigencias de la vida —escribí en el libro antes citado—; por ejemplo, teniendo éxito en los estudios, en la integración con los amigos, en lo personal. Los padres deben tener muy claro que la estima que un hijo pueda tener hacia sí mismo depende no sólo del entorno que le rodea, sino también de sus propios procesos internos. Es decir, que nuestro hijo va a sacar una serie de conclusiones sobre sí mismo que van a determinar su propia estima personal. Esas conclusiones pueden beneficiarles o no. En realidad, la autoestima es la consecuencia de una evaluación que la persona se hace sobre sí misma, y se aprueba o no. Las personas que están alrededor del niño son las que proyectan conclusiones positivas o negativas, y todo eso influye en esa evaluación o examen personal en el que el resultado es la autoestima. La familia debe hacer una reflexión mínima para poner en equilibrio esas proyecciones. Este es uno de los factores determinantes de la estima y la seguridad personal.»

Los padres valoran a los hijos por sus acciones y esa valoración repercute incluso en las capacidades. Tal como los padres sienten a sus hijos, así se comportan con ellos. Pero, ¡ojo!, si creo que mi hijo necesita protección y cuidados continuos, es posible que le sobreproteja.

La sobreprotección de los hijos es un fenómeno muy frecuente en nuestra sociedad. ¿Y por qué sucede? Porque los adultos tenemos temor del otro, confiamos poco los unos en los otros y se nos antoja que vivimos en un medio hostil.

Los hijos son los seres que más queremos y tratamos de evitar en lo posible cualquier repercusión negativa, o percibimos que los debemos preparar lo mejor posible frente a una sociedad absurda, competitiva y alienada.

Pero este no es el problema, sino lo que el padre piense en lo que hace con su hijo. Recientemente tuve un caso de una familia hiperprotectora.

El hijo, de una edad aproximada de nueve años, presenta un problema de vómitos ante la comida. Realmente este mozalbete lo que tiene es un problema de ansiedad. Es excesivamente cuidadoso para todas las cosas que le exigen los adultos, de tal modo que cuando algo le pone nervioso reacciona de un modo descontrolado.

Analizando las circunstancias de este muchacho vemos a una madre que controla a su hijo en todas sus reacciones, y observamos que el hijo no es autónomo, siempre depende del influjo de sus padres. Esto quiere decir que el modo en que nos relacionamos con nuestros hijos forma en ellos estructuras de carácter.

El modo de influir en los hijos a través de la convivencia tiene muchos matices, y generalmente estós no suelen tener carácter negativo, aunque sí en muchos casos, y esas repercusiones, si el niño es muy pequeño, pueden entorpecer su talento.

Los padres, pues, valoran a sus hijos en todos los sentidos, y estas valoraciones afectan de una manera positiva o negativa al desarrollo de la personalidad del niño. Esto no quiere decir que miremos con lupa y obsesivamente todo lo que tenemos que hacer con ellos, pues esa obsesión traería problemas. No es importante lo que podamos hacer o decir en un momento en el sentido negativo, pero si lo que hacemos o decimos a nuestros hijos tiene un carácter negativo de una manera sistemática, esto implica un problema para el niño.

Hay que ser naturales y pensar que unas veces lo hacemos bien y otras no tan bien, y que eso es humano. No pasa nada. Con nuestro hijo debemos saber que le influenciarán nuestros estados de ánimo, igual que nos influyen los suyos.

Lo único que siempre debemos tener en cuenta es el respeto mutuo, la valoración positiva, el autocontrol..., pero por lo demás un padre no tiene por qué ser un santo y llenarse de temores ante cualquier cuestión que afecte al hijo.

Este es el problema real del chico que comentábamos antes —de los vómitos—. Los padres tienen tantos temores proyectados sobre el hijo, que este muchacho reacciona descontroladamente ante cualquier circunstancia de mínima tensión personal.

Tratar de que el niño no viva nada negativo bajo ninguna circunstancia es algo nefasto. La madre que comentamos está continuamente pendiente de que su hijo no viva nada que le pueda afectar en un sentido negativo. Esa obsesión de la madre proyectada en su hijo es el problema real que tiene el hijo.

Si los padres afectan negativamente a los hijos también hay formas de influirles positivamente. Los padres pueden con su influencia desarrollar el talento de sus hijos, de eso no cabe ya ninguna duda.

El niño nada más nacer (y antes) tiene un enorme potencial de inteligencia, de sociabilidad y de creatividad. El mundo que le rodea puede alentar o desalentar su desarrollo. Si desalentamos el desarrollo de este potencial cometemos un grave error y si lo potenciamos alentamos la vida social y mental del niño que le corresponde y se merece.

«La persona se aprueba o se desaprueba —escribo en el libro citado—, se considera capaz de éxito o no. Las consecuencias de esta valoración las podemos imaginar en términos de comportamiento, de rendimiento escolar. Debemos conseguir que nuestro hijo adquiera una valoración positiva de sí mismo. Esa valoración debe ser equilibrada, pues los excesos producen malas consecuencias. La autoestima positiva se desarrolla en nuestros hijos desde el momento mismo en que nacen. Cuando lloran le atendemos, abrazamos y queremos; cuando son pequeños nos emocionamos y llenamos de ternura, y ellos saben así que el mundo es seguro, descubren su propia confianza en lo que los demás hacen con ellos.»

Se sabe que el niño al nacer tiene un gran potencial, pero generalmente no suelen desarrollarlo. ¿A que se debe esto?

Siguiendo las ideas de Lewin, «los niños aprenden a no ser inteligentes». ¿Es posible que el adulto que le rodea sea el causante de tal desdicha?

Sabemos que los niños son fundamentalmente vicarios; o sea, aprenden por imitación. Imitan todo, todo les afecta, y esto es así precisamente porque tienen un gran potencial para cualquier cosa.

Los adultos solemos poner muchos frenos a las cosas; partiendo de nuestras propias limitaciones solemos limitar con bastante frecuencia también a los que nos rodean, y no hace falta argumentar mucho para darse cuenta de ello.

Cuando nos enfrentamos al niño pequeño es fácil que pensando que no puede ser capaz de algo le proyectemos dicha incapacidad. Si el niño es capaz de algo, eso ya no importa, pues aprenden que no es capaz, y así hemos establecido sus propios límites, hemos vetado su potencial, le hacemos sentir y vivir que no es capaz, y por tanto le cerramos en toda su posibilidad a intentarlo.

No hay más que ahondar un poco en nuestro entorno para verificar estos hechos.

Siempre recuerdo en mi consulta a unos padres que se preocupaban por la torpeza de su hijo; éste era, según ellos, excesivamente inhábil para la actividad física. El padre creía que esto era algo heredado, pues de pequeño él había sido también un «pato mareado».

Cuando comprobé lo que hacían con el niño llegué a tener una idea exacta de cómo el ejercicio natural de la motricidad quedaba para este chico vetado.

Los padres evitaban que subiera en aparatos como, por ejemplo, toboganes por miedo a que cayera; continuamente le avisaban del peligro de hacer cualquier cosa con un mínimo de riesgo corporal, todo era un peligro... Así que el niño no tenía la oportunidad de ejercitarse y desarrollar sus habilidades y destrezas con movimientos corporales. No sólo adquirió torpeza para la actividad motriz, sino que gestó un gran temor por todo lo que implicara un mínimo de riesgo corporal.

El niño aprende a ser precavido porque eso quizá es lo que enseñan los padres, pero esa precaución le lleva a evitar ejercitarse con confianza para desarrollar otras habilidades.

Esto, que es evidente para lo corporal, no es menos cierto que sucede con las capacidades psicológicas. Creemos muchas veces que nuestro hijo no está capacitado, no puede hacer algo porque por su edad no llegaría nunca a realizarlo. Sin embargo, podemos estar en un error, dejando con ello al niño sin posibilidad de desarrollar su propio potencial.

No sólo en los ambientes familiares está ocurriendo que los niños aprenden que no son capaces de lo que potencialmente sí pueden, sino también en los propios colegios.

Yo recuerdo cómo hay profesores que por sus propias actitudes a veces alientan las dificultades de los alumnos. Siempre he considerado que un niño, a no ser que por circunstancias obvias y evidentes, se demuestre lo contrario, puede hacer lo que la mayoría de los niños hacen a su misma edad.

Así pues, cuando un niño se retrasa en la articulación del lenguaje a la edad de tres años no es pequeño en relación con los niños de su edad, y el profesor alienta a que por ser pequeño no se le estimule este fundamental aprendizaje, pues, como un cajón de sastre, apela al tema de la maduración.

Hay que esperar —dicen—, no está maduro para ello, cuando el tema es sencillamente buscar para el niño estímulos adecuados que le permitan salir cuanto antes de su dificultad, en este caso articulatoria.

¡Pues no hay medio! Hay que esperar, y en esa espera el niño queda afectado en otros aprendizajes produciéndose un efecto bólido de fichas de dominó derribándose unas a otras.

Las limitaciones no las tienen, muchas veces, nuestros hijos, sino que están en nuestra mentalidad y actitud de adultos; ponemos trabas, y esas trabas finalmente se tornan incapacidades.

Así pues, nuestras incapacidades como padres pueden ser las de nuestros hijos, pero no porque ellos sean incapaces, sino porque les convencemos de que son incapaces.

En ello no hay mala intención, pues ningún padre desea el mal para su hijo; pero, inconscientemente, podemos estar produciendo ese efecto.

Dice un autor como Lewin que es «nuestra intervención lo que tan a menudo disminuye y destruye la promesa temprana», y continúa diciendo que «nosotros les enseñamos a infravalorar su intelecto y subestimamos sus capacidades».

Ante este panorama un padre no debe volverse obsesivo para hacer todo estupendamente bien; pero sí debe informarse, estar atento y producir contextos que estimulen al niño. Nuestra inconsciencia de adultos puede llegar a grados alarmantes.

Recuerdo un caso muy curioso de una madre que me pedía explicación como profesional sobre por qué su hija pequeña se retrasaba en el lenguaje hablado, cuando observé en ese mismo momento cómo la madre que tenía delante a su hija le ayudaba terminándole las frases.

La hija no tenía la oportunidad de ejercitarse en el lenguaje hablado porque su madre mostraba una extraordinaria actitud proteccionista, le terminaba todo aquello que decía.

Así que los padres que quieran desarrollar el potencial de sus hijos al máximo deben controlar cualquier juicio de valor sobre lo que un niño puede o no puede hacer.

También están aquellos padres cuya actitud es la de hacer de sus hijos unos «linces intelectuales», sea como sea, y los someten a un entrenamiento agotador, que más que motivar y animar el desarrollo de las propias capacidades lo limitan a través del grado de frustración a la que someten a los hijos.

«Los padres no crean la genialidad de los hijos —escribe Lewin—; cada niño viene al mundo con una promesa de genialidad que sólo espera desarrollarse.»

Hay padres que exigen de los hijos cosas que nos son apropiadas para ellos —eso es cierto—. A nuestros hijos hay que darles lo que piden en el sentido de proporcionarles los contextos oportunos para la estimulación y el ejercicio, con los que veremos son felices. Eso los desarrollará al máximo...

No debemos proyectarles la idea de que son incapaces, pero tampoco podemos exponerles a situaciones que les son inapropiadas. Aprender a distinguir con claridad lo que podemos pedir, o no pedir, al niño, es lo que un padre debe aprender como tal. De esto es de lo que realmente trata nuestro libro sobre cómo desarrollar la inteligencia de nuestro hijo en edad infantil.

Está muy claro que el influjo del ambiente externo que recibe el niño en los primeros años de la vida es definitivo y más perdurable que cualquier otro influjo fuera de esta edad. Si razonamos sobre ello veremos esta evidencia por doquier.

En los primeros años el niño aprende, por ejemplo, a andar. Esto es algo que no nos viene dado en sí mismo, sino que hay que aprenderlo. Jamás olvidaremos este automatismo. Aprendemos a escuchar y ordenar los sonidos de las palabras a través de los que comprendemos simbólicamente la relación que existe entre éstos y las cosas; además de aprender la relación que se establece entre las palabras como signos, el niño llega a unir en frases sus significados y comienza el proceso del lenguaje hablado, en su expresión comprensiva y articulatoria.

Luego, habrá un momento de la infancia en que todo eso se automatizará. Jamás olvidaremos esta capacidad si no tenemos la desgracia de que nuestro cerebro sea perturbado por algún suceso traumático o alguna enfermedad que lesione las áreas del lenguaje hablado.

Esto quiere decir que la comunicación que el adulto emite en cualquier momento de su vida está plenamente asociada a esos momentos imperturbables en los que aprendió a hablar. Y como esto cualquier otra cosa.

Jamás olvidaremos coordinar, evaluar la distancia y la fuerza de modo automático de nuestra mano cuando llevamos a la boca una cucharada de sopa. Eso lo aprendimos a base de experiencia cuando por primera vez cogimos una cuchara y casi nos la llevamos a la oreja.

Si pensamos en el control de la orina y las deposiciones adultas estaremos también condicionados a ese momento en que nuestro sistema nervioso aprendió los automatismos del control de esfínteres. Pero eso lo damos por hecho, como si nos los hubiera regalado nuestra naturaleza.

¡Pues no!, eso lo aprendimos y casi siempre con gran esfuerzo. No olvidamos con frecuencia que somos producto de nuestros aprendizajes infantiles,

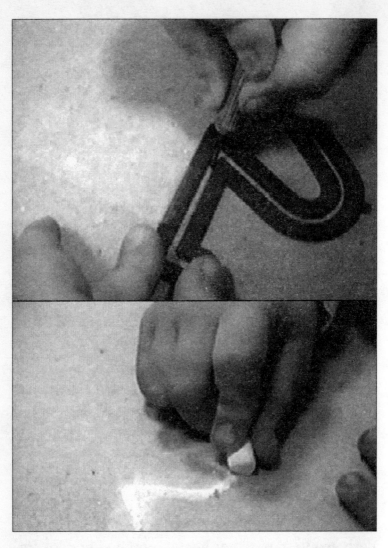

Figura 9.—*En el desarrollo de la inteligencia influye todo. El niño que, desde el punto de vista emotivo, tiene carencias afectivas, puede proyectarlo en falta de atención hacia el aprendizaje, lo que retrasará y perjudicará el desarrollo de las capacidades intelectuales. El equilibrio afectivo es fundamental para el desarrollo mental.*

y éstos están presentes, como el oxígeno en el aire, sobre nuestras conductas y comportamientos cotidianos.

Si reflexionamos mínimamente observaremos que estas cuestiones son evidentes, pero debemos creer que este mecanismo por el cual nuestra infancia está siempre presente sobre nuestra conducta actual es generalizable a todo lo que somos: a nuestras capacidades, a nuestra personalidad afectiva...

Nuestro modo de ser afectivo y emocional tiene que ver con nuestra experiencia básica con relación al influjo que recibimos de nuestro entorno cuando éramos pequeños, principalmente del que emana de nuestra familia.

Quizá sea igual que cuando andamos u orinamos en el «water», o hablamos, o nos llevamos una cuchara a la boca, se olvida que lo podemos realizar gracias al influjo que recibimos en nuestra infancia. Queremos, u odiamos, dependiendo —posiblemente— del amor y el odio que pudimos recibir en nuestra más tierna edad. Eso mismo también sucede cuando aplicamos nuestra memoria y nuestra inteligencia a las cosas.

Es de nuestro pasado de donde nos nutrimos para ser lo que somos, pero no sólo del pasado inmediato, sino de nuestro pasado más remoto: la infancia.

Es más, los esquemas básicos para la realización de una ingente cantidad de nuestras funciones orgánicas, las de nuestra personalidad individual y social, las de nuestras capacidades intelectuales y afectivas, se organizaron de forma automática en esquemas básicos cuando éramos niños de la infancia. De eso no cabe la menor duda.

En este sentido, aprecio el valor del análisis transaccional cuando asegura que cada persona lleva dentro de sí un niño, un padre y un adulto en todo lo que es y hace.

Por tanto, y como consecuencia de esta reflexión básica, cualquier familia debe plantearse seriamente qué influjo ejerce sobre el niño en edad infantil.

No se trata de que nos obsesionemos por hacer cosas, sino de comprender la importancia que tiene dejar que el niño desarrolle el potencial con el que viene al mundo: 1) no proyectando infravaloraciones en lo que es capaz o no de hacer; 2) proporcionándole contextos naturales en los que pueda poner en práctica su potencial; 3) adaptarnos a lo que cada niño es y a sus propias necesidades (no se trata de ver capacidades extraordinarias en nuestros hijos a la fuerza); 4) no usar nunca extremos: ser indiferentes o ser obsesivos en la consecución de objetivos.

No cabe duda que ser padres es una cuestión de madurez, de responsabilidad, de juicio. Eso lleva consigo trabajo, preparación y disciplina también para el padre.

No podemos dejarnos llevar por sencillas opiniones. Hay que indagar, molestarse por aprender y saber con quién convivimos. Ser padre no es una cuestión simple. Hay que ser humildes, solidarios y afectivos a la vez que ecuánimes y objetivos.

Cuando pensamos que el desarrollo de capacidades como la inteligencia no es importante, y no nos preocupa desarrollarlas en nuestros hijos, podemos estar cometiendo un error, pues la inteligencia no es producto sólo de la instrucción, sino también de la afectividad.

Los niños aprenden mejor cuando el entorno que les rodea aprecia el valor de sus esfuerzos intelectuales y eso se torna motivación por la ejercitación y el esfuerzo que exige el aprendizaje.

«Dadme un niño torpe y con mi cariño lograré un genio.» No se trata tampoco de pretender que el niño logre metas ambiciosas, tanto como favorecer que desarrolle el potencial que tiene intrínseco a sí mismo y hacer que con ello sea más feliz, más dichoso.

Las personas que desarrollan más su potencial no tienen por qué ser utópicamente desdichados. El hombre ha nacido para emplear y hacer uso lo mejor posible de sus capacidades, y desarrollar este potencial debe ser objetivo prioritario de todos los que rodean al niño.

Aquellos padres y educadores que proyectan sobre un niño el estigma de la incapacidad porque dicen que es cuestión de genes, cometen un gravísimo error al pensar que no podemos hacer nada por ellos. Es verdad que las diferencias individuales existen, pero dentro de nuestras limitaciones todos podemos avanzar, enriquecernos, mejorar... y este pensamiento no tiene límites.

El hombre siempre puede mejorar en algún grado, en alguna medida. Ese es su sino... Ser más capaz, más inteligente, y ello favorece la propia felicidad, la integración social, la autoestima, la motivación, nos mueve al éxito, al dinamismo en la vida.

Por eso nunca deberemos poner dificultades con pensamientos y actitudes reduccionistas al potenciar a nuestros hijos en sus capacidades.

Los niños deben ser estimulados en la infancia, hay que favorecer su madurez en base a la independencia que ellos poco a poco van ganándose por sí mismos. Y eso hay que potenciarlo. Cuando un niño inicia la marcha logra una conquista por sí mismo de un incalculable valor. Es capaz ya por su propia iniciativa de liberarse de inmovilidad, de estar siempre en un mismo sitio. Puede acercarse y alejarse de algo, cogerlo o dejarlo...

El placer que producen esas acciones del pequeño correteador, los adultos la hemos olvidado, pero es indescriptible en su momento cómo obra en el sentimiento de independencia, de seguridad, de autonomía interior, y cómo ayuda al proceso de la percepción y del desarrollo intelectual.

Naturalmente, hasta conseguir que el niño ande por sí mismo hay muchas cosas del entorno que lo favorecen o no; los niños deben ejercitarse de modo motor antes de llegar a la marcha; por ejemplo, el gateo favorece ese proceso. ¿Favorecemos ese proceso si estimulamos al niño a gatear? Sí. Esto no quiere decir que todos los niños tengan que gatear, pero esa acción motora lo favorece.

Si generamos el contexto oportuno el niño tendrá la posibilidad de conquistar y aprender muchas cosas que le harán ser más inteligente a la vez que más feliz... Y esto es válido para casi todos los asuntos que se relacionan con la infancia.

Si a un niño en edad de poder montar en bicicleta no le proporcionamos una, nunca aprenderá a hacerlo por mucho que nos empeñemos. Hay cosas que son «de cajón de madera...»

Los hijos nunca deben ser monos de circo. Ser adiestrados para que demuestren lo que saben. Nunca se debe educar a un niño para que demuestre nada a nadie, ni para que llene el orgullo de nadie, ni para que en él se den los deseos de los otros.

A un niño se le educa para que sea persona libre, inteligente, capaz y feliz, autónomo, independiente... Si un padre al educar no logra estos objetivos últimos y se rige por el principio del egoísmo, la indiferencia o el extremismo, eludirá su responsabilidad.

Esto no quiere decir que los intereses de los padres y de los hijos no puedan coincidir. Cuando moralmente el padre se rige por la buena intención y el desco de amor hacia el hijo, está haciendo lo que debe, pero puede no bastar; por esto hay que contrastar si lo que se hace es lo mejor, dejando abierta la posibilidad de ser aconsejado.

En este último sentido, por mi profesión de psicólogo, he observado a muchos padres vivir en sus atalayas de «sabelotodo», y el efecto es destructivo para los hijos. Hay que estar abiertos a la idea de que podemos ser mejores padres, a veces, bajo la guía de otros y de otras experiencias.

Podemos generar mucho daño si creemos que lo sabemos todo. El padre «listillo» es un padre torpe. El hombre en su condición actual es tan ignorante aún que cualquier presunción de sabiduría omnipotente es un pecado de soberbia. Hay que admitir que siempre podemos aprender de los otros. A ser padres también se aprende...

Los hijos necesitan de los padres, pero de padres que les ayuden y eduquen, y para eso los padres deben aprender cómo hacerlo. Los niños deben ser guiados y conducidos. No podemos dejarlos a su propio impulso, hay que organizarles el entorno para que su potencial se desarrolle adecuadamente. El niño necesita básicamente encontrar un entorno organizado.

De ahí la importancia que tiene la familia. Ésta debe proporcionar al niño en edad infantil el contexto oportuno que le permita entrenarse y desarrollarse en todos los sentidos. Los niños no pueden crecer y desarrollarse sin el apoyo de su familia. Un niño nunca puede desarrollar lo que en su ser es en potencia sin la ayuda del entorno. Eso es inimaginable.

Hay que plantearse seguidamente: ¿Cuál es la mejor ayuda, el apoyo mejor que debe recibir un niño para desarrollar todo lo que interiormente atesora en su potencial natural? Esta es una cuestión importantísima que cualquier padre debe aprender.

Si en este mundo las familias ignoran en su mayoría cómo llegar a hacer una humanidad más equilibrada, capaz, feliz, inteligente..., nuestro mundo irá siempre a la deriva. Y no es cuestión de una inteligencia desarrollada y puesta al servicio de uno mismo, sino que la humanidad debe crear seres inteligentes en función de los demás, para los demás. Es la única manera de que la humanidad prospere.

Llegará un momento, que no es precisamente el actual, en que los seres humanos a nivel planetario seamos conducidos por las personas más inteligentes de nuestra tierra. Pero esos seres no deben cumplir únicamente esa condición, sino que deben a su vez ser los mejores humanamente entre nosotros; serán además equilibrados, solidarios, humildes, generosos, entregados... Serán las personas más humanas, o en otro caso todo irá a la deriva... Y esto sólo es posible que comience en la familia.

El niño no será nada que no sea ya en su familia. No podrá llegar a nada que no experimente en su familia. No es una cuestión simple de rutinas, sino de experiencias vividas.

Debemos educar a nuestros hijos en un clima de amor, tolerancia y apertura amplios. Eso deben vivirlo como el aire que respiran, no en teoría, o en discursos, sino con acciones, con evidencias, con obras que parten de los padres como modelos y crisoles absolutos.

«Los niños sólo pueden aprender con la ayuda y el estímulo de los otros —escribe Lewis—. Los padres son los porteros del mundo infantil. Son como centinelas que vigilan un flujo constante de experiencias, determinan lo que deben dejar pasar y deciden lo que ha de quedarse fuera. Cuanto más limitadas y poco interesantes sean las aportaciones, y más numerosas las prohibiciones, más menesterosa será la dieta intelectual que disfruta el niño. La oportunidad de recibir toda clase de experiencias es de importancia fundamental. Sin embargo deben ser experiencias de primera mano, porque el aprendizaje más eficaz se lleva a cabo haciendo, no limitándose a mirar y escuchar.»

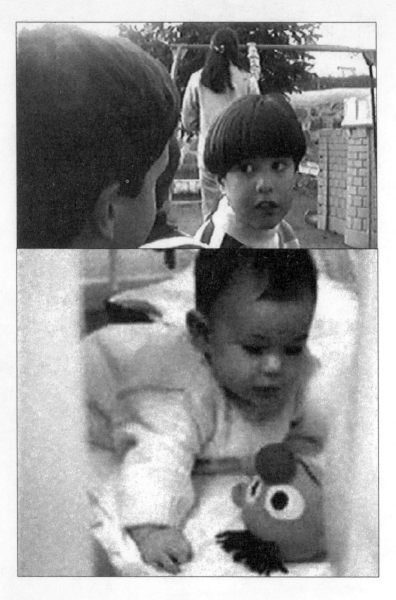

Figura 10.—*El niño comienza manejando el mundo de las cosas, y más tarde aprenderá a organizar su comportamiento con relación a los demás siguiendo normas.*

El lenguaje
y su importancia $\ 5$
en el desarrollo
de la inteligencia

Es el sistema nervioso básicamente el que permite el procesamiento y despliegue de la información comunicativa del lenguaje. Es necesario para que se dé la capacidad de comunicación del lenguaje un proceso de maduración cerebral (áreas del lenguaje), mas para la comunicación que permite el lenguaje es también fundamental un proceso de aprendizaje muy complejo que tiene su raíz en el entorno. El niño debe aprender los signos y ponerlos en relación con su significado

El balbuceo del bebé, base del primer sistema de estimulación articulatoria

La actividad más elemental comienza en el niño con el balbuceo, que no deja de ser una actividad fundamentalmente fonética, de ejercitación de sonidos. La comunicación que el niño establece con su madre es fundamentalmente de tono musical más que de contenido fonético puramente. Esta misma realidad la

vive el niño incluso en el interior del útero, como lo demuestra que la voz de la madre relaja al niño nacido.

La experiencia que el niño tiene con el lenguaje es fundamentalmente de tono musical. Pasa de esa receptividad auditiva a la ejercitación de la emisión de sonido durante el primer año de la vida. Es importante observar aquí cómo la receptividad siempre antecede a la actividad. Primero se escucha/se entiende y luego se balbucea/se habla. De ahí que sea fundamental el medio ambiente operando sobre la formación del lenguaje hablado.

Receptividad y emisión de las palabras

Ese intercambio entre la receptividad auditiva del lenguaje emitido por el adulto hasta la ejercitación y la emisión de las primeras palabras es todo un proceso complejísimo de maduración y aprendizaje. Hacia el final del primer año surgen las primeras palabras. Son palabras aisladas. Luego la complejidad crece combinándose las mismas hasta que se van formando las estructuras gramaticales, apareciendo un lenguaje muy elaborado desde los dos años en adelante. A los tres, el lenguaje tiene una sofisticación realmente importante y va aumentando de calidad hasta la edad adulta.

La receptividad (auditiva) y la actividad (emisión fonética) son dos procesos necesarios que ponen en relación al lenguaje en su dimensión madurativa, cerebral y el ambiente. El cerebro, para poder ejercer su capacidad, necesita de la estimulación ambiental. De aquí que primero esté el proceso de receptividad frente al de actividad, y luego se dinamice implicándose mutuamente.

El mundo de los tonos, el timbre, el ruido...

El niño desde que está en el útero materno es receptivo al tono-timbre. Sus primeras actividades son receptivas. El niño responde al tono de las palabras. Al inicio del proceso se deben poner en relación probablemente con estados placentero/displacentero. El placer y el displacer asociados al tono. El timbre y el tono de la madre significarán fundamentalmente seguridad, supervivencia, placer; por eso el niño se relaja con la voz de la madre. El proceso de discriminación auditiva comienza con estas experiencias básicas. Las palabras emitidas por las madres y el balbuceo del bebé comienzan a ser la primera comunicación humana del niño con el entorno.

Una de las características de la psicología infantil es la capacidad de imitación. También puede imitar durante el primer año ruidos diversos y hace ejercitación de sonidos fonéticos. Se está preparando para la emisión fonética de las palabras. Esto constituye una base importante para la estimulación de la inteligencia a través del lenguaje.

El lenguaje como base de la estimulación de la inteligencia

Según el sentido de Piaget existe lenguaje cuando la palabra completa una acción. A los dieciocho meses aparece la prefrase: «niño malo». A los veinte meses se construyen frases gramaticales. A los tres años tenemos la aparición de las formas verbales y las preposiciones. Entre los tres y los cuatro años se emplean las pronombres personales, comienza la segunda edad preguntadora: «¿por qué?»...

Pensamiento y lenguaje

Existe una relación ineludible entre pensamiento y lenguaje.

Entre diversos autores hay diversidad de opiniones al respecto de lo que significa esta relación. El niño logra dominar el lenguaje con una gran sofisticación mientras su proceso de pensamiento está en un estadio infantil.

En la idea de Piaget se establece una relación estrecha con el lenguaje cuando se pone en relación con el proceso cognitivo; comienza una nueva dimensión con la capacidad psicológica de la representación. Pero no solamente el lenguaje se relaciona con los procesos cognitivos, intelectuales, sino con la estructura afectiva del niño. Ya sabemos que la palabra en sí misma sustituye la cosa representada.

Así sucede con la desaparición de la madre (ausencia de la presencia física de la madre ante el hijo pequeño). La palabra «mama» repara el abandono materno, la ausencia. El lenguaje tiene funciones de control afectivo durante la infancia. Con la aparición del lenguaje el niño entra en una nueva realidad psicológica.

El lenguaje necesariamente expresa una profunda activación del cerebro humano. Se ha observado que alrededor de los dos años incrementa enormente a nivel de corteza cerebral las conexiones neurales entre axones y dendritas. Lenguaje, mente y cerebro es una tríada realmente esencial, que funciona interrelacionadamente.

Entre los tres y los siete años el lenguaje del niño es realmente sofisticado, pero es una herramienta que no se emplea aún con la capacidad intelectiva lógica del adulto.

El lenguaje expresa el mundo subjetivo y mágico del niño. Esa subjetividad infantil va expandiéndose hacia áreas mayores de objetividad. El pensamiento se pone más en relación con el entorno.

Poco a poco el niño encuentra en el lenguaje la objetivación que necesita para referirse a la realidad en la que se encuentra. Recuerdo el caso de un niño de tres años que razonaba sobre el concepto de la representación de una recta dibujada en una pizarra. La recta se encontraba casualmente inclinada. El niño emitió de repente un mensaje más funcional que lógico sobre el concepto representado en la pizarra; dijo sobre la recta inclinada: «Los niños se caen porque está inclinada.» Buscó el simbolismo representado en el concepto. Mientras que los niños de cuatro a cinco años estaban más interesados en si la recta era corta o larga... El lenguaje parecía como si estuviese efectivamente en función de procesos de pensamiento. El modo en que el niño emplea el lenguaje nos va a indicar cómo se encuentran los procesos de pensamiento, cómo están los procesos de la inteligencia y del razonamiento.

El lenguaje necesita de una base neurofisiológica y ambiental

El aprendizaje lingüístico necesita necesariamente apoyarse en un proceso de maduración del sistema nervioso; luego, comienza a funcionar la integración del entorno, que tiene su base incluso en procesos de estimulación sucedidos en el útero materno. Luego, influye el ambiente familiar de un modo determinante, de tal forma que en ese ambiente se produce parte del proceso lingüístico. El lenguaje, el niño lo aprende del medio que le rodea. Es más, el lenguaje activa la maduración cerebral y el desarrollo cognitivo del desarrollo intelectual. Cuanto más rico sea el ambiente estimular del niño más conexiones cerebrales establece y más desarrollo intelectivo logrará.

Hecho que se demuestra con los niños bilingües. En la base de su aprendizaje reciben un impacto medioambiental más complejo de estímulos lingüísticos, en el cual se ejercitan en un proceso continuo de codificación-descodificación mayor que los niños no bilingües.

Comprensión-expresión (entender-hablar), potencian las capacidades intelectivas

La base de la comprensión determina el proceso posterior de los aprendizajes del niño. Un niño que se retrasa en la comprensión, luego lo hará en el habla, y puede también hacerlo posteriormente en la lecto-escritura, produciéndose un fracaso escolar denominado primario en niveles de escolarización.

Los problemas en el lenguaje pueden producir un efecto de dominó en todo el proceso de aprendizaje de un niño. Estimular el entendimiento y la articulación durante la infancia debe ser uno de los objetivos más importantes de toda educación infantil, principalmente a partir de los tres años.

La articulación de las palabras, o lo que se denomina integración articulatoria, debe ser fundamental dentro de los contenidos de trabajo en la infancia. Evitaremos así los problemas de dislalias, disritmias, fallos en el control respiratorio, poco léxico...

La articulación y la expresión preparan al niño para madurar en un primer nivel de simbolización que prepara a su vez al niño para iniciar el proceso posterior de la lectoescritura. El lenguaje hablado constituye la base sobre la que se asienta el lenguaje escrito posterior. De ahí la importancia de que los niños lleguen al aprendizaje de la lectoescritura con un nivel de expresión y comprensión lo más desarrollado posible.

Debemos evaluar:

Respiración.— Observar en los niños si su control respiratorio es oportuno: control de las pausas para tomar aire, si se respira precipitadamente, si se respira más por la boca que por la nariz...

Ritmo.—Observar cómo habla el niño: lento, rápido, nivel de entendimiento de lo que dice, tartamudeo...

Tono-intensidad.
Intensidad: alto-bajo.
Entonación.

Orden de expresión. Forma de exclamar. Énfasis...

Claridad.—Modo en que se construye, se articula, etc...

Fluidez.—Forma de expresar los contenidos mentales que el niño posee.

Debemos saber los fallos fundamentales o básicos.—Mala articulación: emisión de uno o varios fonemas de modo defectuoso.

Sustituciones.— Se sustituyen unos fonemas por otros, por ejemplo «nuna» por «luna».

Confusión entre fonemas próximos: por ejemplo «carro» por «calo».

Los cuentos llenan el mundo verbal de los niños.

La inteligencia influida por el medio que nos rodea 6

La inteligencia influida por el medio y la herencia.

La inteligencia humana necesita tanto de las características que proporciona la herencia como del influjo del medio ambiente para que se desarrolle con su máxima expresión.

La inteligencia natural se ha denominado como un factor general compuesto de muchas otras capacidades. Resulta muy frecuente que los psicólogos hablen de una inteligencia cristalizada, que estaría determinada por el influjo de los aprendizajes.

Se ha podido comprobar, mediante medidas de tests, que la inteligencia natural crece de manera ascendente hasta los dieciséis años aproximadamente después de esa edad se observa un incremento mucho menos acelerado; resulta más evidente esta aceleración cuanto más pequeño es el niño, lo cual es un indicador de lo recomendable que es estimular al niño adecuadamente en el período infantil.

La inteligencia cristalizada no tiene ese límite de expansión y puede ir aumentando paulatinamente mediante el influjo de los aprendizajes, con su lógica limitación. Con estas dos ideas tenemos una clara impresión de cómo el medio y la herencia conforman al ser humano.

Es, por tanto, muy sugestivo poder mejorar las capacidades naturales del ser humano mediante el aprendizaje. Esa tasa de crecimiento de la inteligencia natural que antes hemos comentado nos demuestra también cómo cuando el sistema nervioso se encuentra más inmaduro (niños muy pequeños) es posible, mediante la estimulación del entorno, incrementar el potencial natural de la inteligencia.

Sabemos que el cerebro es muy proclive, en esos momentos, a multiplicar de manera acusada las conexiones entre sus neuronas; esa posibilidad posteriormente merma cuando el niño incrementa su edad. Cuanto más se cierra el sistema nervioso, más se frena ese proceso de incremento en las capacidades. Eso es pues también lo que los psicólogos, desde principio de siglo, han venido comprobando mediante la aplicación de tests, y observado ese crecimiento del que hablábamos una líneas más atrás.

Por este motivo, no debe extrañarnos que muchos autores, centrados en la estimulación temprana, recomienden el aprovechamiento que supone la infancia en términos de flexibilidad del sistema nervioso y de posibilidades de conexiones neuronales.

Esto ha sido expresado de un modo muy especial por Doman. Este autor habla de la conveniencia de estimular la inteligencia del bebé. Es, por tanto, necesario conocer alguna metodología sobre la manera de poder trabajar estimulación temprana con el niño pequeño, principalmente teniendo en cuenta, entre otros factores, el de la cronología y la maduración, o podemos frenar el desarrollo de conductas inteligentes en el niño.

La estadística demuestra que los niños de clase social alta se desarrollan intelectualmente de un modo más evidente que los de clase baja, y el factor que lo determina es que los primeros tradicionalmente han sido más estimulados. En la actualidad, debido a la uniformación y acceso generalizado a la educación, casi todos los niños se ven estimulados desde muy temprano de una manera más intensa y uniforme. El proceso de escolarización y de socialización se ha enriquecido muchísimo en los últimos tiempos. En este sentido, el desarrollo de la conducta inteligente se ve favorecido por el influjo de la educación infantil. Por eso ha sido

admirable el reconocimiento que se hace socialmente de que el niño debe ser objeto de educación desde que nace. Freeman, según Monedero, demuestra que el desarrollo intelectual de los niños depende mucho de que los programas escolares sean favorables para ello, y cada vez éstos logran mayores cotas en sus objetivos.

Ni que decir tiene que el proceso de desarrollo de la inteligencia se ve favorecido por la adquisición de «herramientas» intelectuales como la capacidad de comprensión, el lenguaje hablado, la lectura y la escritura. Ni que decir tiene tampoco que el mundo de la comprensión y la adquisición de conceptos está directamente relacionado con el medio cultural del que se ve rodeado el niño.

Cuanto más rico sea en su inicio el mundo de lo cultural en el niño más posibilidades tiene de desarrollar la inteligencia de una manera más amplia y rica.

El lenguaje hablado se ve favorecido por un mundo nutrido en sonidos fonéticos; ello permite que el niño conecte mayor número de neuronas. Luego, el desarrollo de la inteligencia lógica adulta se ve fuertemente influido por los esfuerzos que el niño-adolescente realiza en relación con la comprensión y la lectura. La com-

prensión verbal, así como la fluidez verbal está en relación directa
con el mundo conceptual que se
va adquiriendo y del ejercicio co-
municativo.

Está muy claro que la lectura
comprensiva favorece el desarrollo de la inteligencia (la crista-
liza). De aquí se deduce que los
mass media (la televisión) introduce un elemento de no esfuerzo
(MacLujan decía que una imagen
vale más que mil palabra). Se
viene demostrando que el niño
sometido a un continuo descon-
trol en relación a la televisión,
con pocos hábitos lectores, se va
retrasando en los procesos inte-
lectivos.

Cuando los niños están privados de ambiente social

Nos debemos preguntar:
¿Qué pasa, pues, con los niños
que quedan privados total o par-
cialmente del influjo del medio
ambiente? El ambiente, que resulta de vital importancia en el individuo, es el que se refiere al
ámbito social. Sólo a través de él
resulta posible el desarrollo de la
personalidad.

La importancia de lo social
está presente en el lenguaje, en el
desarrollo de la afectividad, de la
inteligencia, y en cualquier tipo
de aprendizaje. ¿Qué pasa cuando
un niño carece de ambiente social?

Se sabe de casos en que los
niños aislados absolutamente de
ambiente social llegan a un
enorme retraso mental, y se les observan muchas dificultades en la
comprensión y el lenguaje.

En un caso, comentado por
Monedero —Davis—, una niña
que estuvo aislada hasta los seis
años sufrió esos efectos. Luego
quiere esto decir que el influjo del
medio ambiente determina características importantes incluso relacionadas con la maduración
biológica. Por la misma regla de
tres, podríamos decir que el niño
pequeño que recibe un influjo
medioambiental rico en estímulos, enriquecerá sus estructuras
mentales de orden biológico y,
por tanto, su capacidad intelectual
o cognitiva.

El caso de los niños-lobo

Monedero nos comenta el
caso de un niño-lobo. Kamala fue
criado con lobos hasta la edad de
siete años. Su comportamiento era
de imitación total de la conducta
de los lobos. Luego, en once años
de influjo social aprendió un cierto
grado de bipedestación, 40 palabras y alcanzó un desarrollo men-

tal de aproximadamente cuatro años. Ante el peligro siempre reaccionaba en forma de lobo, y siempre comió pájaros muertos.

Esta «lobalización» del ser humano es posible gracias a la enorme plasticidad que intrínsecamente poseemos las personas. El impacto que Kamala recibió en la primera infancia produjo pautas que quedaron indelebles, para siempre.

La infancia, pues, es un periodo de influjo evidente que determina el posterior desarrollo de la persona. De aquí la importancia que los primeros años de la vida tienen en la formación de las estructuras básicas de la personalidad y de los estímulos que la conforman y la favorecen.

Sólo el hombre puede hacerse como otro animal en su plasticidad de imitarlo hasta quedársele como rasgo básico («lobalizarse» en este caso).

De aquí la importancia que se debe atribuir al medio. El niño posee una plasticidad psíquica inimaginable. El hombre es capaz de «lobalizarse», como nos dice Carmelo Monedero, pero el lobo no puede «humanizarse», ni el perro, ni el gato; a lo máximo son domesticables.

Nos dice este autor que «el hombre nace inmaduro y está presto a incorporar todas las temáticas sociales o no sociales que se encuentran en el medio ambiente».

No podemos escandalizarnos ante las ideas de un autor como Doman, cuando nos dice que «puede ser demasido tarde cuando a un niño intentamos influirle más allá de los seis años, pues es en esta etapa cuando más moldeable, flexible e impresionable es».

Los niños sordos y la inteligencia

Si tan importante es para el desarrollo evolutivo del niño el oído, ¿qué sucede cuando es sordo de nacimiento? La situación del balbuceo se produce como en cualquier bebé, pero al no recibir señales acústicas el lenguaje es imposible.

Uno de los rasgos más característicos del ser humano que permiten la recepción de estímulos sonoros por el oído se imposibilita en estos niños; por tanto, se vuelven mudos, caen en el mutismo. Si no se les enseña mediante aprendizajes especializados a expresarse con signos sus capacidades básicas de tipo intelectual quedan dañadas.

Esta es una prueba inequívoca de la importancia que tiene

el lenguaje de signos en el ser humano para su correcto desarrollo intelectual.

Los niños ciegos y la inteligencia

¿Cómo afecta al desarrollo infantil la privación visual? Parece ser que a los dos años, siendo de gran importancia la mímica en la expresión de los aprendizajes, en los niños ciegos queda frenado su desarrollo expresivo.

Los problemas de depresión sensorial demuestran lo vital e importante que resulta para el ser humano ser estimulado oportunamente por el medio ambiente. Además, nos señalan que es muy importante estimular al niño desde el punto de vista senso-perceptivo, y con ello lograremos que se capacite del modo más eficiente posible.

Figura 11.—*El ambiente social que rodea al niño es fundamental para el desarrollo de sus capacidades. Los niños-lobo ven alteradas esas capacidades al criarse en ambientes aislados socialmente.*

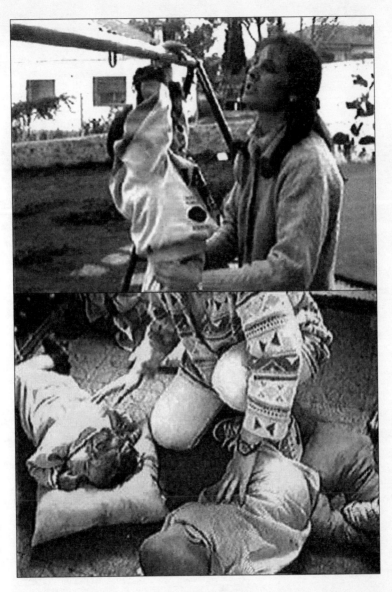

Figura 12.—*El afecto, el cariño con que hagamos las cosas con relación a la infancia proyectará en el niño seguridad, autonomía personal y autoestima.*

CAPÍTULO III

LA INTELIGENCIA SE ENTRENA CON EL APRENDIZAJE

En la actualidad, los niños pequeños están ya desde edades muy tempranas en las escuelas y en los jardines de infancia. Esta circunstancia que aparece como un fenómeno social generalizado, principalmente debido a que la madre trabaja y existe la necesidad de dejarlos en centros de educación infantil, ha dado lugar a una pedagogía y una didáctica educativa muy desarrollada; en nuestro país, desde hace unos años, el niño puede ser objeto de educación no obligatoria desde que nace.

Esto ha redundado en beneficio de los niños en el sentido de que el aprendizaje con relación a estas edades se ha depurado de manera notable. Nada tienen que ver el tipo de cosas que se hacían antes en las guarderías a lo que se hace actualmente. Los principios de los educadores se basan en un conocimiento y un respeto profundo hacia el niño en edad infantil.

En los libros que se leían antes sobre la educación infantil aparecían textos como el que sigue: «Todos los niños nacen con un potencial necesario para convertirse en superdotados. El hecho de que desarrollen o no este potencial dependerá del trato que reciban durante los cinco primeros años de su vida. O sea que la responsabilidad recae primordialmente sobre los padres. Este libro es una guía práctica para cumplir con dicha responsabilidad.»

Esa responsabilidad recae sobre los padres porque hace unos años eran ellos los que tenían a los niños, pero actualmente el niño de cero a cinco años suele estar en la escuela infantil desde que es bebé. Son ahora las escuelas infantiles las que han asumido mucha de la responsabilidad en los aprendizajes infantiles. En la actualidad, estas escuelas son además grandes centros de asesoramiento a los padres sobre la infancia y los aprendizajes. Las escuelas infantiles organizan su trabajo según principios muy escrupulosos en torno a métodos didácticos y pedagógicos modernos y en base a conocimientos científicos de la psicología evolutiva.

En este sentido, los padres deben organizar todo lo que se refiera a hechos de aprendizaje en la infancia en torno a los principios de la escuela infantil. Deben apoyar los programas y las actividades educativas que se organizan generalmente muy bien en estos centros.

En este sentido, y para que los padres sepan el modo en que se organizan los aprendizajes en las escuelas infantiles, he entrevistado a varias profesoras de educación infantil. No cabe duda que la organización y la propuesta de actividades que se oferta al niño pequeño influye de manera determinante en el desarrollo de sus capacidades, de su inteligencia.

Sabremos que eso es así si nos acercamos simplemente a conocer la ley de educación infantil para los periodos comprendidos entre los cero a tres años y desde los tres a seis.

Son muchos los padres que saben que existe una manera de tratar educativamente al niño en estos centros, y también saben que esa pedagogía es fuente de apoyo para su labor educativa. Con ese fin recogí en algunos centros educativos y colegios las opiniones de algunos profesionales con la finalidad de que sean objeto de reflexión para los padres que tengan intención de aprender algo o simplemente reforzar algún criterio educativo.

La educación infantil ha cambiado mucho en poco tiempo, y al niño pequeño por fin se le pone en situaciones —contextos— favorables para desarrollar su talento.

Desde que el niño nace hasta los cinco años es esencial la estimulación sensitiva. Hay que crear ambientes positivos de estimulación: auditivos con música, visualmente con formas y colores, usando recursos como luces suaves de colores variados, y sonidos también plácidos, actividades del tacto y todo lo que son actividades motoras y coordinativas. Esto es lo que se trabaja mediante programas en las escuelas infantiles.

— Hay que partir de la idea de que el niño siempre puede más —nos dice una profesora de educación infantil—. Hay que estimularle según su ritmo, pero el niño siempre puede más.

En mi caminar profesional por muchos ambientes educativos en colegios y escuelas infantiles siempre he tenido la sensación de que cuando los profesores se especializan en determinadas edades tienen sobre los mismos una especie de intuición que suele coincidir muchas veces cuando consideran las capacidades de los niños.

Siempre me he opuesto de un modo rotundo a las ideas deterministas y cerradas cuando se habla del desarrollo del potencial intelectual de los niños.

Una profesora que tiene alumnos entre los seis y los siete años de edad me preguntó de modo confidencial en cierta ocasión:

—¿No crees, José Francisco —dijo—, que hay niños que se ve que no pueden y por mucho que intentes enseñarles ves que no son capaces?

Eso quizá sea porque cada uno viene con un potencial determinado. Quizá se deba a que estamos determinados en parte por una capacidad genética. Es lo que observo. Hay niños que por mucho que lo intentes no aprenden, y otros que tienen mucha facilidad.

—Es curioso —le contesté— que no eres tú la única que manifiesta una idea parecida, hay muchos otros profesores que piensan lo mismo. En otros colegios, vengo observando en muchos profesores de la Primaria, o sea, los que están con niños entre los seis y los once años ideas parecidas, en el sentido de que tienen esa misma sensación que tú estas expresando.

Lo que también me parece curioso es que no sucede lo mismo, o quizá incluso todo lo contrario, con los profesionales de la educación que trabajan con niños en edades que oscilan entre los cero y los seis años; el ciclo que se llama de educación infantil.

Siempre observo en ellos la idea de que ningún niño tiene límites, y cuando están ante un niño con problemas su impulso es que puede salir de su problema si le estimulamos, y que cualquier niño mejoraría sus propias posibilidades mediante un entrenamiento adecuado. Muchas veces me he preguntado: ¿Y por qué...?

—Eso que me dices es realmente curioso. Yo particularmente no es que vea que no se pueda ayudar a los niños desfavorecidos desde el punto de vista intelectual, pero se observa que cuesta mucho cualquier pequeña mejora.

—La verdad es que esto de lo que ahora hablamos ha sido el gran debate de los últimos años entre especialistas en pedagogía, didáctica y otros profesionales como los psicólogos. Ha existido una enorme brecha de opinión entre aquellos que consideraban que todo venía determinado por la herencia y los que defendían que el ser humano era exclusivamente producto del ambiente. Ahora se hace síntesis y se cree que no todo se debe a la herencia ni todo se debe al medio.

—Todo eso también es muy difícil de entender. Yo soy de esas personas que creen que todo está en el cerebro. En el funcionamiento del cerebro es donde está la clave de todos estos asuntos.

—El cerebro es una ingente «maquinaria». Sólo el saber que es capaz de pensar sobre sí misma y observarse, y de alguna manera reprogramarse autónomamente para funcionar de otra forma, es realmente algo ingente y abrumador; tratar de entender esas capacidades resulta casi una tarea inaudita. Cuando me expresabas esa sensación que tienes sobre los límites de las capacidades de los niños entre los seis y siete años, recordaba a una serie de investigadores (Doman es uno de ellos): dicen que el cerebro de alguna manera pierde flexibilidad, y que parte de su estructura neuronal queda cerrada más allá de los cinco años. Que los niños desde que nacen hasta la edad de seis años pueden adquirir un cerebro con un enorme desarrollo estructural para generar un alto potencial intelectual. Doman cree que después de los cinco años siempre es tarde ya y que el cerebro queda de alguna manera estructurado en su potencial.

—Eso es muy complicado de entender —dijo la profesora.

—Yo a veces he pensado que esa sensación que los profesionales de la educación infantil tienen sobre lo ilimitado de las capacidades de los niños pequeños se debe a que, efectivamente, cuando han estimulado a cualquier tipo de niños, independientemente de sus capacidades, casi siempre —si no existe en el cerebro del niño alguna patología— han obtenido unas mejoras increíbles, de las que muchas veces ellos mismos se maravillan. ¿Por qué? Hay que plantearse seriamente que la flexibilidad cerebral entre los cero y los seis años sea inaudita, y probablemente esa estimulación determina estructuras de cerebro que persistan y se desarrollen para toda la vida.

—Todo eso es una maravilla, pero la determinación genética también es una realidad. Venimos al mundo con un potencial mediado por la herencia, por las características de nuestros genes, ¿no?

—Debe ser una realidad. Me quedé sorprendido ante un documental científico de televisión que trataba de cómo los niños (y muchos animales) nacen con un reflejo que se llama natatorio y que transcurridos unos meses después del nacimiento desaparece. Observé en el documental cómo un niño recién nacido nadaba, ¡nadaba! Se veía cómo le apoyaba un adulto con la mano la barbilla sacándole la cabeza hacia fuera, y se apreciaba al bebé coordinando su actividad motórica corporal con una pericia increíble; movía las piernas en un continuo «aleteo» con una sofisticadísima coordinación de movimientos. Esa coordinación sólo podía ser emitida por el cerebro, por un cerebro que había heredado dicha capacidad. Pasados unos meses, el niño se volvía a ver en la misma situación natatoria pero con una increíble incapacidad para el «aleteo», era casi incapaz de coordinar ambos pies para nadar. ¿Por qué sucede esto? El cerebro nace con una ingente capacidad, y probablemente si el ambiente no le estimula de un modo adecuado éste pierde la capacidad de hacer cosas. Seguramente desaparezcan redes neurales, por ejemplo. ¿Quién nos dice a nosotros que efectivamente durante la edad de los cero a los seis años el cerebro del niño no estimulado no esté cerrándose en una estructura más pobre que el potencial que sería capaz de desarrollar si lo activásemos convenientemente? El cerebro puede adquirir una estructura funcional más pobre y desaprovechar lo que la naturaleza le ha proporcionado en modo de potencial.

—Según lo que me estás diciendo —respondió la profesora—, el cerebro es un órgano flexible incluso desde el punto de vista genético.

—Esa precisamente es la sensación que yo recibo cuando me decías antes que percibes que el cerebro de los niños en edad de seis a siete años les cuesta que funcione con relación a los aprendizajes, cuando se observa que tienen dificultades para las cosas. Yo creo, cada vez con más claridad, que la naturaleza dota a todos los seres humanos con un cerebro, que efectivamente desde el punto de vista genético tiene unos límites, pero que ese límite debe ser muy basto y aún ni remotamente nos hemos acercados a el. Si comparásemos a lo que ha sucedido en astronomía, es posible que ahora, con relación al cerebro, creamos que la tierra es centro del universo, pero más tarde supimos que la tierra es una diminuta partícula en el espacio total en un Universo de una complejidad y extensión casi oníricas. Nuestros límites naturales pueden ser también ingentes. Siempre y cuando ese cerebro no tenga ningún deterioro físico, el potencial con que nacemos debe ser soberbio. Sólo el ambiente se encargará de hacer que ese cerebro quede a un nivel inferior a sus posibilidades, o que ese cerebro adquiera unas virtudes excepcionales. Cuando observas como profesora a esos niños, ya con seis años, y tienes la sensación de que no pueden con los aprendizajes que les propones es porque ese cerebro ha adquirido una estructura inferior a la que estaba predestinado. Sería algo así como observar al niño recién nacido con ese reflejo natatorio que luego pierde. El cerebro debe cerrar sus estructuras, y con ello su enorme capacidad de desarrollo natural, su potencial.

—Entender todo eso es muy complicado —dijo la profesora—. Tú me quieres decir que cuando yo observo a un niño que vemos que no puede es porque durante los años anteriores no se le ha estimulado convenientemente para desarrollar un potencial más elevado. Yo sé de muchos casos de niños con dificultades en la escolarización de la Primaria; cuando clínicamente no se ha diagnosticado ninguna enfermedad neuronal, es porque lo han tenido sin una estimulación conveniente. Recuerdo uno en concreto en que la madre mantenía a la niña durmiendo la mayor parte del tiempo; creía que eso era lo mejor para ella, que el silencio y la falta de estimulación era lo mejor. Luego, no ya a los seis años, sino hacia los tres, se observó una enorme dificultad cognitiva en la comprensión y para la realización de cualquier tipo de aprendizaje propio de la edad. Esto se repite mucho con niños que traen retraso, se ve que en la familia existe inhibición para estimular.

—Aun cuando yo crea en todo lo que estoy expresando, en el sentido de que los primeros años de la vida son fundamentales para desarrollar el potencial de los niños, y abrir su cerebro a un ingente mundo de posibilidades, creo también que el cerebro humano nunca puede perder la posibilidad de

Figura 13.—*Es un hecho real que los niños adelantan la edad de aprender cosas que antes se hacían más tarde. ¿Por qué? Porque tienen capacidad y porque la educación infantil se organiza en programas de estimulación didácticos muy elaborados y eficientes.*

mojarse a sí mismo, hasta que la enfermedad basada en el deterioro orgánico afecta al cerebro. Lo único que mantengo con firmeza es que las posibilidades que se presentan para la mejora de potencial cognitivo durante los primeros cinco años de la vida nunca vuelven a presentarse posteriormente con la misma flexibilidad. En psicología siempre se ha considerado que la inteligencia natural tiene un crecimiento exponencial en la infancia y luego la curva de crecimiento va decelerándose hasta crecer mínimamente más allá de los dieciséis años. Claro que esto sucede con una inteligencia tildada de natural frente a otra que siempre puede mejorar y que se denomina cristalizada.

—Debe haber algo de verdad en todo eso cuando tantos investigadores llegan a la misma conclusión —dijo la profesora—. Una amiga mía, profesora también, se opone a todo eso que me estás diciendo de que el potencial del niño se cierra hacia los seis años. Yo creo que ella estaría de acuerdo en admitir que existe una posibilidad cerebral de mejorar siempre, quizá sin esa rotundidad con que el cerebro es capaz de mejorar sólo en los primeros años de la vida.

—Pienso que todos los seres humanos pueden mejorar a través de exponerse al esfuerzo que requiere aprender. El aprendizaje es la gimnasia del cerebro para mejorar su propia condición, y esto siempre es verdad. Hay otro factor realmente increíble del que deberíamos hablar. El cerebro humano es capaz de acumular experiencia, que es esa otra gran cualidad que el cerebro emplea para mejorarse. Es verdad que se cierran muchas estructuras flexibles de tipo cognitivo en el cerebro con los años, pero el cerebro gana en riqueza en cuanto a su experiencia. Ésta es fuente de sabiduría cerebral y la base de un enriquecimiento también intelectual. Pienso que somos también más inteligentes por vía de la experiencia. De hecho, posiblemente la pérdida de flexibilidad cognitiva del cerebro queda compensada por los mecanismos de la experiencia, que en un cerebro de mayor edad siempre es el nuevo gestor del potencial intelectual del cerebro.

—Me quieres decir que el niño puede mejorar su propia condición intelectual en cualquier punto de su escolarización cuanto mayor descubrimiento y mayor experiencia adquiera en el medio escolar y familiar. Eso quizá sea la idea del constructivismo o aprendizaje significativo. El niño aprende mejor cuando va descubriendo las cosas y es capaz de ponerlas en relación con lo que ya sabe y conoce o ha experimentado. Esa idea partió hace ya muchos años en la psicología cognitiva de Vigosky.

—Esa es la posibilidad, en principio ilimitada, que tenemos. Los límites naturales del potencial del cerebro posiblemente tardemos mucho en aproximarnos a ellos.

* * *

Siempre me ha gustado pensar en esas experiencias que cuenta Doman en algunas de sus obras al hablar de las posibilidades de nuestro cerebro. Dice que incluso cuando hay deterioro cerebral (muerte de neuronas) las funciones de un conjunto de neuronas pueden ser trasladadas a otras, y que esta es la esperanza de los niños con lesiones cerebrales.

Es decir, cuando se estimula convenientemente a estos niños otras neuronas pueden llegar a emular las funciones de las que murieron. Nos cuenta también cómo el potencial humano es tan grande que hay niños a los que prácticamente se les ha extirpado uno de los hemisferios cerebrales, y el otro, en su totalidad, ha comenzado a funcionar con todas las actividades del hemisferio extirpado. Dice que hay niño que con un solo hemisferio ha logrado un potencial cognitivo muy superior a la media de los niños con los dos hemisferios sin ninguna patología neuronal.

A veces, las dudas están en si las cosas las debemos o no hacer. Muchos padres estarían dispuestos a estimular a sus hijos, pero alrededor de estas cosas se presentan multitud de cuestiones. La verdad es que estos asuntos no sólo están en decir sí o no, se plantean muchas cuestiones de índole filosófico.

Recuerdo a unos padres que ante la posibilidad de seguir, o no, un programa de estimulación se preguntaban sobre la falta de necesidad que veían en hacer de sus hijos personas talentosas. Lo más importante consistía en querer que sus hijos fueran muy despiertos, porque los niños con muchos talentos se observan con recelo en nuestra sociedad, con el mismo que a los niños con déficit en sus capacidades.

Los padres quieren que sus hijos sean felices y a la vez muy adaptados socialmente al medio que les ha tocado vivir. Así pues, lo mejor es tener un hijo despierto y feliz.

Este objetivo no es malo, pero, ¿por qué si el cerebro de los seres humanos puede dar más de sí lo usamos de una manera mínima? Popularmente se dice que empleamos sólo el 10 % de su capacidad.

La verdad es que el cerebro siempre funciona al máximo de lo que puede, sucede que efectivamente con un entrenamiento oportuno podríamos pensar que ese es el porcentaje máximo de uso. Es como, por ejemplo, si a usted —imaginemos que no es un deportista especializado— le ponen a correr ahora en una alta competición los 100 metros lisos. Es muy probable que intente dar al máximo de sí, pero su efectividad sería poca aun cuando su empleo fuera máximo. Sin embargo, si a usted desde la escuela le hubieran entrenado para correr los 100 metros lisos, llegar a esa misma carrera sería otra cosa en cuanto a su efectividad.

Probablemente todos nosotros tengamos un cerebro infra-entrenado y con un uso de mínimo desarrollo con relación al potencial real que tendría de haber sido convenientemente estimulado con gimnasia mental. Y todo empieza en la familia y en la escuela.

Hemos nacido para más de lo que somos, pero la filosofía ambiental, las cosas que nos rodean, hicieron que nuestro cerebro no diera de sí todo lo que puede. La verdad es que probablemente no existe mala intención en ello, sino simplemente un problema de ignorancia. Ésta es la que nos hace impotentes, no nuestra naturaleza.

Tememos el déficit, pero también la abundancia. Cuando nos fijamos en la escolarización de nuestros hijos podríamos valorar que lo que se hace actualmente considerado unas décadas atrás hubiera sido tomado por una osadía.

Los niños están continuamente adelantando los aprendizajes. Antes se comenzaba a leer y escribir a los seis años. Ahora casi todos los niños que llegan a la Primaria saben leer y escribir, proceso que han culminado ya a los cinco años.

¿Es que antes tenían menos capacidad que ahora? En absoluto, lo que sí ha cambiado es nuestra forma de entender al niño y la de plantearle los aprendizajes de otra forma y en otro momento. También se le entrena antes en otras capacidades que culminan en un cerebro más preparado, o maduro, para abordar lo que antes se hacía en una cronología superior.

Nuestro cerebro es el mismo, lo que cambian son los contextos que rodean al niño y su entrenamiento. Esto quiere decir que aprendizajes como la lectura, que actualmente se considera que el niño los puede realizar hacia el final de la infancia, se adelantarán a edades hoy concebidas por el común de la gente como imposibles, es decir, se adelantarán hasta la edad de los dos años o incluso antes.

El cerebro del niño puede hacer esto y más. Sin embargo, muchos padres se plantearán la pregunta: ¿Para qué vale que el niño lea a los dos años? Simplemente para que su cerebro se acerque más a la expresión de su capacidad natural, para que sea más inteligente.

Si un niño se realiza más y mejor podrá ser también más feliz, pues las oportunidades de realizarse en la vida de una manera más plena se incrementarán. Lo que no podemos pensar es que si todos los niños del mundo lograsen ser más talentosos iban a crear una sociedad más desdichada; en cualquier caso, todo lo contrario.

De cualquier modo, hoy día el universo de nuestros cerebros es desdichado, y las sociedades que formamos, bastante irracionales y descerebradas; quizá todo sea la expresión del déficit del desarrollo cerebral.

Un padre no debe tener miedo a estimular a sus hijos. Claro hay que hacerlo de una manera que sea lógica y natural. Si uno se acerca a las escuelas infantiles y a los colegios puede encontrar la razón del por qué la lectura y la escritura se adelantan cada vez más, y cómo el cerebro del niño responde de un modo positivo al adelanto de estos aprendizajes.

Es el propio niño quien lo pide. Nada empieza de la noche a la mañana. Todo sigue un proceso calculado. Los profesores lo llaman programación de actividades. Ello está pensado para que, en cada edad, todo vaya en una sucesión de ejercicios graduados, que persiguen, según el desarrollo y la madurez del niño, unos objetivos.

Ese proceso de estimulación continuado, programado, a lo largo de toda la infancia produce resultados como el que ya hemos comentado con relación a la lectura y escritura. No se trata de plantear al niño un aprendizaje cuando nos venga en gana y por que sí; algo nuevo se le presenta al niño como conclusión a todo el proceso anterior y de manera que eso sea en sí mismo la continuación natural de los aprendizajes anteriores.

Está muy bien que los padres se informen de cómo son entrenados sus hijos en los centros de educación infantil y que ellos mismos cuando estén en casa con sus hijos, estimulen las mismas capacidades y aprendan cosas que ellos pueden hacer en casa para ejercitar a su hijos ayudados por esos profesores.

Lo que no puede hacer un padre es actuar por capricho y pensando que lo mejor de todo es adelantar por las buenas un aprendizaje de la noche a la mañana. Hay que saber exactamente qué conviene a nuestro hijo para favorecer su capacidad según su edad.

Si está en la edad de aprender el color rojo y en la escuela infantil su educadora le hace garabatear y rellenar formas de color rojo, un padre puede, cuando juega con el niño, también trabajar este concepto, quizá de un modo sencillo haciendo que el niño, cuando va de paseo por la calle, no señale coches de color rojo. Pronto nos daremos cuenta de que el niño superará el manejo y el conocimiento de ese concepto; justo es el momento de trabajar con otro color o con otros conceptos más complejos.

A la vez que estimulamos un concepto, la educación infantil trata de que el niño además asimile otros o se capacite en otras cosas.

El color rojo se aprende mientras el niño lo hace dentro o fuera de un círculo, a la vez que visualiza y discrimina quizá un círculo de un cuadrado.

Los aprendizajes en la infancia suelen globalizar el desarrollo de muchas capacidades al mismo tiempo. Esto es muy importante tenerlo en cuenta.

Quizás aprendan lo que es amarillo con un gomet que les permite, al pegarlo dentro de una hojita de un árbol dibujado en una lámina, entrenarse en la oponibilidad del pulgar, y se entrene a su vez en otras coordinaciones de psicomotricidad fina.

Una profesora especializada en educación infantil y cuyo trabajo educativo se desarrolla con niños de tres a cinco años nos comenta, rodeada en su aula de un gran bullicio proveniente de niños y niñas de tres años, algunas cuestiones importantes sobre el significado y la importancia de los aprendizajes a estas edades con relación al desarrollo del talento de los niños.

—A partir de actividades muy globalizadas, de una actividad, de un juego, estamos trabajando factores de matemáticas, de lengua, de expresión, de relación con los demás...

Se evidencia que lo que tratan es de que existan muchos contextos diferentes implicados en cada ejercitación. Los aprendizajes se desarrollan a partir de actividades muy globalizadas; quiere decir que el niño, mientras hace una cosa muy específica, está desarrollando muchas capacidades diferentes no sólo a nivel de aptitudes, sino también de emociones y aspectos sociales.

—En un solo momento y sin que el niño tenga que darse cuenta —dice la profesora— adquiere y desarrolla parte de su talento. Lo hacemos a través de una forma muy natural, principalmente el juego, con una dinámica agradable.

Fragmentar el aprendizaje a estas edades hacia sólo un aspecto de alguna capacidad del talento del niño me parece horrible.

Los niño pequeños aprenden todo lo que existe y está implicado en una acción de modo natural, y eso debe aprovecharse. No aprende por parcelas, sino globalmente.

En la escuela infantil se trabajan aspectos cognitivos (intelectual), aspectos de tipo motor (el niño aprende a moverse, a manipular cosas), aspectos de tipo lingüístico, aspectos sociales (de relación), y todo eso se trabaja de una forma integral... Es poco recomendable que los padres traten de que su hijo aprenda mucho sólo de algo, eso sería un error.

El desarrollo del talento de los niños en edad infantil tiene mucho que ver con el desarrollo y organización de sus sentidos y todos los aspectos corporales que están implicados en sus acciones.

—Nosotros —dice la profesora de infantil—, por ejemplo, utilizamos muchos juegos donde el niño desarrolla las capacidades manipulativas. La vista, porque son juegos que tienen muchos colores atrayentes para el niño. La formas diferentes potencian el conocimiento y la experiencia de lo que es grande y pequeño. A través del oído se desarrolla el ritmo, el sentido musical, y esto ayuda a que el niño vaya adquiendo la conciencia de tiempo.

La mente debe organizarse a partir de una recepción sensitiva que en el cerebro se transforma en una organización perceptiva. Es decir, tanto de la recepción que el cerebro hace de una información externa al cuerpo, como de otra interna que proviene del propio organismo, el niño comienza a construir su mente, y a partir de ello el cerebro es capaz de reorganizarse y programarse en un sentido más complejo.

Aquellas cosas que el niño vive a través de su cuerpo son capazces de modificar la estructura de su cerebro, y por tanto, de su mente, independientemente de que el cerebro y la mente tengan una base genética de transformación propia, predefinida.

Este es el antiguo debate entre genes y medio, que hoy día se salva con la idea de que tanto el ambiente como factores genéticos determinan lo que el hombre es en cada instante. La estructura neurocortical del niño se sabe que está fuertemente influida y transformada por el entorno que el niño vive.

Por eso, tanto en la escuela como en el medio familiar se deben hacer cosas que ayuden a desarrollar el talento natural del niño.

—Es muy importante —dice la profesora— que los padres refuercen el trabajo que la escuela hace con el niño en edad infantil. Simplemente con juegos, contando al niño cuentos, que también apoyan muchas veces las capacidades que se han potenciado en la escuela.

Los padres no deben, a mi entender, hacer del hogar una escuela infantil. Se trata simplemente de mantener una estimulación adecuada en el entorno familiar pero con las características propias de ese medio. Lo esencial es que dediquen tiempo a estar con el niño para jugar, etc. Con eso ya están apoyando mucho al niño pequeño en el desarrollo de su talento.

Entre la escuela y la familia debe existir siempre una gran comunicación. Tanto un ambiente como otro deben participar de la información de lo que sucede y se hace en uno y otro sitio con relación al niño. Eso nos permite homogeneizar los esfuerzos, y los estímulos le llegarán al niño de una manera más coherente, y se evitarán las contradicciones y la incoherencia en la estimulación. No hay nada que perjudique más la educación de un niño, no importa la edad que tenga, que las propias incoherencias de los adultos.

—Aquí —dice la profesora— tenemos una gran relación con los padres y siempre nos comentamos cosas con respecto a los niños. Ellos preguntan, tienen conocimientos del trabajo que hacemos con los niños a través de la fichas y el material que los niños trabajan en la escuela, y que periódicamente les damos. Los padres saben así como hemos trabajado, lo que hemos hecho, lo cual sirve para que ellos también participen de ese proceso de estimulación y de apoyo del niño pequeño en casa.

La autoestima, una idea que está tan de moda en la actualidad, parece que es uno de los grandes factores que están influyendo en el desarrollo global del niño pequeño. Es imposible desarrollar ningún talento si el niño no se siente feliz consigo mismo y con todo lo que le rodea.

—Un niño motivado —dice la profesora—, un niño que tiene una buena autoestima es un niño que va a tener éxito, que se va a poder desenvolver y que en todo momento va a estar receptivo a todo lo que se le enseñe. Un ambiente agradable donde el niño se sienta seguro y querido es fundamental para estimular sus capacidades.

La educación de la afectividad, la autonomía, la socialización, es tan importante como instruirle en habilidades; o mejor dicho, es más esencial y connatural al niño de la temprana edad todo lo que rodea al mundo de la afectividad.

—En estas edades —dice la profesora— es muy importante favorecer positivamente la autoestima del niño. Éste aprende algo que le vale para desarrollar luego otras capacidades. Por ejemplo, antes de aprender a hablar comprende y retiene los sonidos de las palabras con sus significados. Antes de aprender a andar gatea, o asimila muchos patrones de movimientos previos o anteriores. Antes de aprender a leer

o escribir el niño habla. Hay una jerarquía —o priori-
dad— en los patrones de conductas, o aprendizajes,
que el niño realiza.

—Así, por ejemplo —dice la profesora— en un
tema como el de la escritura, antes de llegar a ella
comenzamos con la pre-escritura, y mucho antes ya
se hicieron otros ejercicios que preparan al niño para
ese fin, por ejemplo con el garabateo (el niño hace
trazos de manera espontánea y lúdica).

El niño no sabe a dónde va a llegar con esa actividad, pero en eso se está expresando. A los tres años
trabaja pre-escritura donde hace, por ejemplo, palo-
tes, trazos más continuos; hay un tiempo mayor de
atención centrada en la actividad, donde se tiene que
fijar en que el trazo vaya siendo más continuo, que vaya más correctamente con la línea que se marca...

Con cuatro años se le van enseñando las primeras vocales; algunas consonantes como la «s», la
«m», que le resulta más fácil al niño describirla...

Todo esto se hace de una manera lúdica, enseñán-
doles como las letras tienen una relación total con lo
que es la vida: cuando salen de aquí ven revistas, libros, periódicos, anuncios por la calle..., donde ven
que esas cosas tienen letras como las que ellos aprenden, y eso hace que el niño se motive por las cosas
que hace en la escuela; se dirá: «Estoy aprendiendo
a leer porque luego hay un montón de carteles —o de
cosas— en la calle que son importantes saber.»

A los cinco años el niño escribe frases y su trazo ya llega a ser casi correcto.

La profesora está realizando un curso formativo para profesores y en unas hojas que tiene no lejos de sus manos, en la mesa desde la que habla, se lee: «Educamos con la cabeza, con las manos y el corazón», y luego: «Pensar, Hacer y Ser.»

— Estas frases —nos dice— las aprendí hace pocos días y la verdad es que resultaron muy acordes con la teoría que tengo y lo que suelo hacer aquí en el aula.

Me parecen unas frases preciosas porque explican cómo a través de la cabeza el niño va procesando, va desarrollándose a través de los mecanismos de la memoria y de la inteligencia, el niño va aprendiendo. Y todos esos aprendizaje los realiza con sus manos, en el quehacer del día a día, en el escribir, en el jugar...; y por último, como decíamos, en la globalidad del aprendizaje, eso se refleja en su corazón, en sus sentimientos y emociones; el niño a través de ello aprende a respetar, a ser amigo de los demás, a querer a los demás...

Esto mismo es lo que la LOGSE dice también cuando habla de conocimiento, procedimientos y actitudes; los conocimientos son la cabeza (lo que pretendemos que los niños aprendan), los procedimientos son las manos y las actitudes son el corazón. O sea, que esto es el «Pensar, Hacer y Ser».

En otro centro educativo tratamos de ver cómo se abordan los aprendizajes como una expresión necesaria para el desarrollo del talento de los niños.

—En los niños de edad infantil —nos comenta una educadora de niños de uno a dos años— es muy importante estimular todo lo relacionado con los sentidos (la vista, el oído, el olfato, el tacto...), todo aquello que genere en el niño cada vez más autonomía personal.. El niño ha de tener objetos oportunos donde proyectar esa ejercitación. Debe disponer de juguetes educativos, que le ayuden en su desarrollo.

Otra educadora que está junto a nosotros da su opinión al respecto y nos dice:

— Hay que presentar estímulos oportunos a los niños en edad infantil. Principalmente hay que lograr captar su atención, hacer que esos estímulos les interesen, que puedan relacionarlos con su propia experiencia, les motiven y estén cercanos a ellos. La idea es que les sean atrayentes, eso es fundamental para que la ejercitación de sus capacidades se realice de un modo natural. Eso estimula su cerebro y a la vez es fuente de disfrute y placer para el aprendizaje. Hay que lograr que el niño se ejercite con conceptos muy básicos relacionados con su entorno.

Para esta educadora de la edad infantil, los padres juegan un papel fundamental en el desarrollo de las capacidades de sus hijos. Cree que deben estar apoyando continuamente todas aquellas cosas que en la escuela se hacen por una actitud positiva de los padres, que a su vez retomen y potencien estas cosas.

—Los padres —dice— deben aprovechar en casa lo que los niños saben; o sea, todo lo que aprenden en la escuela, para ayudar a sus hijos.

Los padres deben interesarse por las cosas que sus hijos hacen en las escuelas. No para hacer en casa nada que esté programado, o muy planificado, como lo hacemos los educadores, pero sí para cuando sus hijos estén interesados en hacer algo puedan ayudarles y potenciar indirectamente sus capacidades de modo muy homogéneo a como se hace en la escuela infantil, y aprovechar así al máximo la curiosidad de los niños en la casa y a la vez ayudarles en el desarrollo de sus capacidades.

Todo apunta a que no se trata de que los padres hagan de sus lugares familiares un sitio de pedagogía y estimulación programada, pero sí de que aprovechen todo lo que hay de natural en la vida del niño para que sea objeto que revierta en el desarrollo de sus capacidades.

—Por ejemplo, si consideramos —nos dice la educadora— el lenguaje como un aprendizaje característico de la edad infantil. Si los padres ven que sus hijos dicen palabras de un modo mal estructurado desde el punto de vista de la articulación, simplemente se trata de que el niño observe cómo las pronuncia el adulto correctamente. Sin afectaciones ni obligando al niño.

Los padres deben estimular el vocabulario y esos sonidos ricos en conceptos se quedarán en el cerebro infantil y estimularán tanto la comprensión como el lenguaje. Tratar de que ellos se obliguen a pedir las cosas...

En ese mundo de pequeñas cosas hay una gran ejercitación del cerebro infantil. Lo mismo sucede cuando consideramos actividades relacionadas con el movimiento corporal. La inteligencia se desarrolla, en un principio, con relación a la actividad del movimiento corporal.

Mientras el niño está explorando las cosas del mundo que tiene alrededor; las toca, se mueve con ellas y alrededor de ellas, va realizando acciones con respecto a esas cosas del entorno y consiguiendo diferentes objetivos, y con esa experiencia básica enriquece su propio mundo cognitivo y experiencial.

Todos los educadores infantiles son partidarios de la globalidad en el aprendizaje. Por ejemplo en una fotografía, o en un mural, donde hay muchas cosas se pueden estar trabajando una ingente cantidad de aspectos de aprendizaje: colores, formas, palabras, conceptos como arriba-abajo, delante-detrás...

Eso es el sentido de la globalidad en el aprendizaje infantil. Mientras persigues un objetivo principal estás a la vez trabajando multitud de otras capacidades.

Y todas estas cosas el niño debe hacerlas dentro de un clima de cariño y afecto; de un ambiente que le proyecte seguridad y autonomía, o de otra manera el niño se bloquea y es incapaz.

Si un niño ve que no es querido, no se mueve hacia nada, y por tanto no desarrolla la psicomotricidad, por jemplo. Si un niño no es querido, evitará comunicarse y eso afectará al desarrollo del lenguaje. Un niño no querido no desarrollará ninguna de sus facultades.

Así pues, la calidad de la afectividad que le proyectemos al niño es la base principal de todas las cosas. Valorar al niño, que vea que lo que hace es importante para la gente que le rodea, es esencial. El adulto debe valorarle con objetividad, pero siempre con un sentido positivo, sin tratar de que el niño con nuestras correcciones se sienta infravalorado.

Nuestra educadora insiste en que el niño debe aprender principalmente a través del juego. Nos dice que cuando al niño llega a interesarle algo tiene una capacidad muy alta para asimilarlo de inmediato, no así cuando está desmotivado y sin interés por las cosas.

—Si a un niño —nos dice— no le interesa algo, por mucho que se lo repitamos no conseguiremos absolutamente nada. No hará caso porque su atención no está puesta en eso y sin atención es casi imposible el aprendizaje.

Una forma de llamar la atención del niño es plantearle las cosas mediante el juego...

Nuestro método para estimular el cerebro del niño realmente se encuentra en la filosofía de la programación de actividades, que en realidad son ejercicios que persiguen unos objetivos más globales, de tipo educativo y que tienen en cuenta al niño según su maduración y desarrollo.

Todo esto, de alguna manera, es la forma que en la actualidad la educación está organizando el cerebro de los niños pequeños. Esto nos permite que al niño se le puedan adelantar aprendizajes que antes estaban naturalizados en edades más tardías, como el de la lectura y la escritura.

Hoy en día a la Primaria llegan casi todos los niños sabiendo leer y escribir, y porque los métodos de estimulación infantil cada día son más eficaces y desarrollan el potencial del cerebro de una manera más organizada y racional, con más conocimiento de lo que es el niño.

Ahora sabemos que el cerebro del niño demanda que se le organicen las actividades de esta manera. En la escuela infantil se ve que el niño tiene sed de estímulos cuando éstos se les organizan de una manera racional con motivación e interés para ellos.

—Lo importante es que sea feliz —nos dice otra educadora— y aprenda como consecuencia de su estado de paz emocional.

Unos padres que me consultaban sobre un niño de cinco años que se está retrasando en los aprendizajes típicos de su edad, y que presenta alguna dificultad en la articulación de palabras, me comentaban en tono confidencial que hoy día se les exigía demasiado a los niños de esta edad, cuando ellos aprendieron a leer casi a los siete años de edad.

Les expliqué que efectivamente el modo con que las capacidades de los niños se educan va cambiando velozmente, y les dije que no es que nosotros fuéramos menos capaces de aprender cosas antes, sino que los métodos y las teorías didácticas y pedagógicas no favorecían el desarrollo de nuestro talento y nos metían en una vía más lenta de aprendizaje. Desaprovechaban nuestro potencial, las posibilidades de desarrollo de nuestra naturaleza.

Parece que el niño, si no se le gestiona convenientemente en un contexto de estimulación oportuno, pierde flexibilidad y potencial.

Es curioso cómo el reflejo natatorio —ya lo comentamos antes— con que el niño nace (es capaz de nadar coordinadamente en el agua como si hubiera aprendido a nadar en una piscina) se pierde en unos pocos meses, y el niño se torna torpe e incapaz de esa precisa coordinación de aleteo de las piernas a los pocos meses. Es posible que suceda lo mismo, pero con otras muchas capacidades y funciones cerebrales, si no se ejercitan convenientemente.

Cada día, se le organizan al niño contextos educativos más elaborados, más ácordes con el cerebro que se intenta educar, y a edades más tempranas, y se observa que el niño puede, y mucho. No debemos extrañarnos de que leer y escribir sea ya un asunto de niños de cuatro y cinco años y no de niños de seis y siete años.

En unas décadas nos sorprenderemos de que los niños realicen cosas prodigiosas aún a más corta edad, y es porque nuestro cerebro tiene muchas más posibilidades de las que prevemos y podemos imaginar ahora. Así nos lo están indicando multitud de especialistas para los que el desarrollo cerebral está aún por llegar en los seres humanos y que esto co-

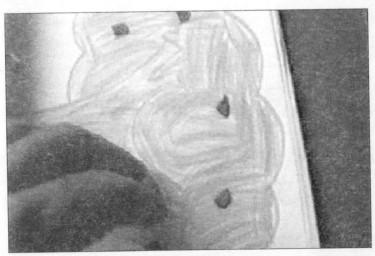

Figura 14: *Los programas educativos que se siguen en las escuelas infantiles y colegios hoy día constituyen la mejor fuente para desarrollar las capacidades en la infancia y son un modelo para los padres.*

mienza necesariamente cuando el cerebro está más flexible y abierto (en la tierna edad).

Aunque muchos investigadores aseguran que el cerebro humano se cierra hacia los seis años, es posible que su potencial de desarrollo mental no tenga límites de edad mientras se tenga un sistema nervioso sano; claro que el máximo exponente de flexibilidad y cambio debe darse a lo largo de esas edades; luego, todo cuesta mucho más...

La inteligencia y los tests   7

Test de Terman-Merril como instrumento para evaluar inteligencia

Es un test clásico de medida de la inteligencia que comenzó su andadura por el año 1916 y que en la actualidad posee vigencia debido al cúmulo continuado de investigaciones que se hacen sobre él. Se aplica a partir de los dos años hasta la edad adulta. Evalúa la inteligencia general a través de una serie de pruebas que se agrupan por niveles de edad. Logra medir el Coeficiente de Inteligencia del niño y adultos. Esta escala tiene su origen aún más antiguo y clásico en la de Binet y Simon (1905) —Francia—, que es la que estableció la medida del CI por primera vez. La revisión de Terman-Merril se basa en este test más primitivo. Amplió su aplicación de edades por encima y por debajo de las que permitían Binet y Simon. Existen varias revisiones de este material. La de 1960 tiene una sola forma de aplicación L-M, que recoge la división anterior L y M (1937). Los niveles de edad van desde los dos hasta los cinco años, en uno de sus apartados cro-

nológicos, que a nosotros nos interesa, y van evaluando grupos de edades en esa cronología de seis en seis meses. De seis a catorce años existe otro nivel, y así sucesivamente hasta la edad adulta.

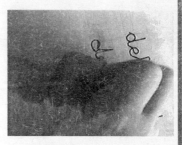

La inteligencia se puede potenciar en base al aprendizaje.

Goodenough, el aspecto grafomotriz y la inteligencia

Es aplicable desde la edad de los tres a quince años de edad; se puede aplicar este test de modo individual o colectivo. A través del dibujo permite el diagnóstico de madurez intelectual, y nos indica el tipo de madurez intelectual de los niños. Las investigaciones de este tipo no son nuevas y parten desde 1926 hasta la actualidad; fue precisamente Florence Goodenough quien investigó y sistematizó por primera vez el dibujo humano desde la perspectiva intelectual. En la actualidad muchas de sus apreciaciones tienen vigencia. Es una prueba fácil, sin que necesitemos de la producción verbal. El sistema de Goodenough se basa en que el niño realice tres dibujos: el de un hombre, el de una mujer y el de sí mismo, representando siempre el cuerpo entero. Luego, lo que se hace es estudiar la estructura de estos tres dibujos y ponerlos en relación con los que los niños hacen en cada edad. De ello se deduce el nivel de desarrollo intelectual. La valoración suele estar subjetivada por el observador que valora tal producción. A partir de esto se deduce un CI.

Lo que es en la infancia actividad externa luego lo es del intelecto.

Test del Dibujo de la Familia y la inteligencia

Se basa en las ideas de Louis Corman. Se aplica desde los tres años en adelante, con tiempo de aplicación libre. Es un método proyectivo cuya dificultad no radica en hacer que el niño haga lo que se le pide, sino en la interpretación proyectiva que la producción de la familia tiene a nivel de dibujo, donde proyecta su mundo interior en relación con su medio familiar (se observan complejos, rivalidad fraterna...). Para poder aplicar esta prueba es necesario tener una formación psicoanalítica mínima para descubrir la simbología de los dibujos. Es pues un test de dificultad muy grande para su correcta interpretación. «El niño dibuja más de lo que sabe que de lo que ve.» Goodenough y Machover han utilizado prolíferamente el sentido de los dibujos desde el punto de vista psicológico. Boutinier nos dice «que el dibujo del niño es una especie del modo en que se siente existir él mismo y siente a los otros». La interpretación del Dibujo de la Familia según Corman tiene que abarcar un plano gráfico (modo de trazar el dibujo, amplitud, ritmo, fuerza, izquierda-derecha...), un plano de estructuras formales (se ven inhibiciones, dislexias...) y el plano del contenido (angustias, miedos, valorizaciones y desvalorizaciones, amenazas, mecanismos de defensa, conflictos infantiles...).

La inteligencia en el primer año de la vida

8

Es muy relativo hablar de inteligencia. Ésta no existe siempre como se puede observar en la forma adulta si no la entendemos como un proceso general de adaptación al medio; la inteligencia adquiere diversas cualidades según un proceso cambiante que se inicia en el seno materno y llega hasta la edad adulta. Las conductas de adaptación son comportamientos inteligentes, y analizando estos productos de la inteligencia podemos aclarar algo sobre cuál pueda ser su naturaleza.

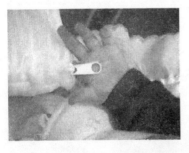

La organización y coordinación motriz es la inteligencia sensomotriz.

Las conductas adaptativas que vemos en los bebés son lo que podemos denominar como resultado de su inteligencia; una inteligencia que se basa en gran parte en acciones externas relacionadas con la sensación y la motricidad. O sea, que la inteligencia manifiesta su esencia en el comportamiento del niño centrado en sensaciones, percepciones y movimientos motóricos.

Concepto de asimilación y acomodación.

La inteligencia se considera como capacidad de adaptación al medio, y es posible gracias a dos procesos denominados como asimilación y acomodación. Se asimilan elementos del mundo exterior y se produce una respuesta de acomodación a ellos (base cognitiva de Piaget).

Puede valernos como ejemplo la experiencia que un niño pequeño puede tener cuando por primera vez coge una cuchara para llevársela a la boca llena de papilla. El niño asimila del mundo exterior que la cuchara está para coger del plato la papilla y llevársela a la boca. Antes de que esta acción sea asimilada el niño pequeño ha tenido antes que ver, experimentar y sentir muchas acciones previas (a la madre dándole la papilla con la cuchara, intentos del niño por coger esa cuchara, sensaciones de acercamiento y alejamiento de este utensilio frente a sus ojos...). Cuando la madre le deja coger la cuchara, meterla en el plato e intentar llevársela a la boca, el niño tiene que asimilar una ingente cantidad de nueva información; ha de calcular en relación al peso de la cuchara y el movimiento de la mano donde está situada su boca, calcular una distancia entre la vista y la mano, y según esos datos dar a la mano una dirección y un movimiento adecuados para que la mano con la cuchara de papilla termine en la boca. Todos sabemos que las primeras veces la papilla puede terminar en la oreja, o incluso pegada en el techo. Poco a poco el niño va acomodando todas las sensaciones y coordinando todos los movimientos oportunos para que la cuchara termine en la boca y se vacíe adecuadamente en ella. En esta segunda fase es donde entra en juego el proceso de acomodación, de tal modo que esa acción tan compleja de llevarse la cuchara a la boca, termina siendo una conducta automática y todas las acciones cognitivas que el cerebro debe hacer se realizan de modo inconsciente, como si pertenecieran a una segunda naturaleza; aquí el proceso de acomodación cierra su ciclo sobre esa conducta. Pero esa

asimilación y esa acomodación que hace el niño para comer con la cuchara la papilla, es una experiencia cerebral —cognitiva— que obrará en beneficio junto con otras muchas conductas aprendidas para que el niño asimile coger una pintura o un lápiz y garabatee, dibuje o escriba...

Los seis estadios de la inteligencia sensomotriz (Piaget, 0-18 meses)

1.—Ejercicio reflejo a tener en cuenta a la hora de estimular la inteligencia sensomotriz.

Se pone en relación con los reflejos congénitos presentes en el primer mes:

— succión.
— presión.
— visión.
— audición.
— posturas.

El niño practica durante este estadio todas sus capacidades adaptativas reflejas.

2.—Las primeras reacciones adquiridas y la reacción circular primaria

Se repite de modo circular un resultado obtenido por azar. Consiste en ejercicios de función donde el niño redescubre repetidamente un resultado interesante.

Normalmente estos ejercicios están localizados en el cuerpo del propio niño, a través del cual asimila patrones de conducta. El niño comienza a través de este mecanismo a interesarse por las cosas de su entorno, y las aprehende...

3.—Las reacciones circulares secundarias y los procedimientos para prolongar los espectáculos interesantes .

Se repiten gestos o movimientos que causalmente producen un resultado interesante sobre objetos externos. Se repiten hasta que deja de despertar el interés.

Estas reacciones son cada vez más complejas en la asimilación de esquemas para usar una diversidad muy grande de objetos.

4.—Coordinación de esquemas secundarios y su aplicación a situaciones nuevas, básico en los ejercicios de estimulación temprana.

El niño es capaz de ir combinando en varias acciones repetidas, los esquemas aprendidos mediante las reacciones circulares secundarias. Como ejemplo de esta combinación cuando el niño tiene la finalidad de coger algo, en su intermedio existe un obstáculo y lo aparta. Parece que aquí se unen combinadamente dos esquemas asimilados. El comportamiento entre los ocho y nueve meses comienza a ser más inteligente.

Un bebé en la cuna tiene delante un objeto colgado que suena; al darle casualmente con la mano, observamos que repite esta acción estando muy atento con todos sus sentidos a lo que sucede. El niño aprehende una ingente cantidad de sensaciones. Movimientos de la mano con respecto al objeto y su vista, velocidad de la mano, dirección, sensaciones de colores y sonidos...

5.—Las reacciones circulares terciarias y el descubrimiento de medios nuevos por experiencia activa.

Ya no repite de manera mecánica los esquemas asimilados, se produce una acomodación a la naturaleza del objeto. Luego existe cada vez una mayor sofisticación de los conocimientos anteriormente adquiridos y un uso cada vez más inteligente de los esquemas interiores que el niño posee.

El niño experimenta con los objetos y su comportamiento lo varía en función de los resultados obtenidos. El niño intentará lograr de diversas maneras el fin que tenga planteado conseguir. Esta exploración combinatoria, llena de experimentación, es lo que Piaget denomina como reacciones circulares terciarias.

Existe pues en estas conductas adaptativas, inteligentes, un nuevo fenómeno, muy importante que

125

consiste en la continua capacidad que el niño tiene de modificarse para conocer su entorno. Esto lo logra el niño hacia el final del primer año. Está continuamente acomodándose a los resultados que él produce con las cosas que hace.

6.—Invención de medios nuevos por combinación mental.

El niño comienza a ser capaz de representarse las acciones que realiza. Puede ver mentalmente el espacio y obrar en él, sin necesidad de hacerlo en el exterior. De tal modo que cuando ahora efectúa una acción no tiene ya que realizar tanteos. El niño posee un bosquejo mental de las cosas, de las acciones. Lo que antes se hacía en el espacio exterior comienza a interiorizarse.

Hay un paso evolutivo de un modo de proceder inteligente en el exterior a otro que es representacional e interior. Aparece la inteligencia representativa.

Las conductas espaciales y la noción de objeto

Desde el punto de vista de Piaget, el niño construye la realidad a partir de su experiencia con su cuerpo y con los objetos externos. Los objetos ante él desaparecidos dejen de existir al principio del primer año; luego, el objeto permanece progresivamente con mayor solidez cuando desaparece de la vista, hasta que el niño logra que el objeto permanezca en su mente de tal manera que aunque desaparezca de su vista él lo busca. Este hecho es una demostración clara de que el niño posee ya representación en su mente de las cosas y tiene una previsión mental de la acción, de la dimensión y otras características de los objetos de la realidad; toma conciencia de la constancia de la magnitud de los objetos.

La noción de tiempo

La percepción del tiempo se constituye en un proceso progresivo como el del espacio. La característica fundamental del niño desde el punto de vista psicológico, a nivel mental, es que se vive como en medio de un mundo sólido y permanente. Aún no tiene una «idea» sobre él.

Las funciones del cuerpo y el desarrollo inicial de la inteligencia

9

La información que el niño recibe tanto desde su propio cuerpo, de sus órganos corporales, como la que recepciona del mundo externo, hacen que el niño construya su propia identidad personal.

El niño del primer año vive su cuerpo como realidad totalizadora y su psiquismo es la actividad que realiza con él.

El órgano que integra todas estas experiencias infantiles es el cerebro, y éste permite la organización mental en un progresivo y complejo proceso de complejidad creciente. Primero se establecerían la organización de un esquema corporal (forma que el niño tiene de utilizar su cuerpo); luego, se daría paso a la imagen corporal (vivencia de sí mismo).

La inteligencia del niño pequeño consiste en el aprendizaje que realiza al usar su propio cuerpo como medio de adaptación al mundo exterior.

Todo en el niño está lleno de finalidades emotivo-afectivas, y por supuesto el desarrollo de su inteligencia con relación a su cuerpo. También estas experiencias básicas, estos aprendizajes del primer año de la vida son elementales para el desarrollo futuro de la personalidad humana. Se establecería una urdimbre —trama o red— que queda fijada para siempre.

En el primer año de la vida el niño debe realizar un gran descubrimiento: el del uso de su propio cuerpo. Y este es el aprendizaje que desde cualquier pedagogía debemos potenciar si utilizamos técnicas como la de la estimulación temprana. Al finalizar el primer año de vida el niño tiene ya vivencias, experiencias, sensaciones de ser alguien con una identidad que se relaciona con otras identidades de su entorno.

Esta toma de conciencia realmente es algo importantísimo, es un hito dentro del desarrollo, constituiría la primera razón en la que el filosófico verbo «Ser» (tomar conciencia de uno mismo) cobra sentido.

Es a través del propio cuerpo como el ser humano aterriza en el mundo externo e interno de su propia naturaleza, entra en el territorio de la conciencia y, por tanto, le permite llegar y participar de una nueva naturaleza: la cultural, propiamente humana.

La madre, en este proceso, es el primer ser social con el que el niño puede comprobar todas sus experiencias y compartirlas desde su situación evolutiva.

Modo de adaptación conductual básico que se relaciona con la inteligencia sensomotriz

Reflejo de succión.—Al tocar los labios del niño cualquier cosa material se produce una frunción y un apresamiento por los labios hacia el objeto. Dependiendo del lugar de tocamiento el niño reacciona haciendo que el objeto le quede frente a los labios. Esta reacción es una conducta adaptativa heredada. Parece ser que la actividad de este reflejo es más intensa en periodos de hambre.

Reflejo tónico cervical.—Postura del espadachín en posición de guardia.

Reflejo de prensión.—Cuando tocamos al niño en la palma de la mano ésta se cierra fuertemente. Con dieciséis semanas tiende a coger los objetos de su entorno. Puede asir un anillo con las manos.

Conducta manipuladora perceptiva y conceptual

Es la actividad manipulativa del niño, conductual, que tiene por finalidad manipular los objetos para conocerlos, conceptuarlos, vivirlos...

Se trata de una auténtica investigación de las cosas del medio, de conceptualizar los objetos mediante la recepción de los estímulos que desprende su uso: Auditivo: sonidos que producen. Táctil: sensaciones diversas relacionadas con el tacto que transmiten los objetos (temperatura, rugosidad...). Visual: color. Gustativo: sabor...

De ahí que el niño lo primero que está interesado del medio que le rodea es la experimentación con los objetos, de lo que deduce desde el punto de vista cognitivo elementos conceptuales.

El niño mira, toca, coge, golpea, chupa, tira... los objetos, de los que deduce sus cualidades. Estas experiencias son canalizadas por los sentidos y, mediante la actividad del cerebro, se transforman en percepciones que van de alguna manera haciendo de la mente una realidad de experiencia, de la que necesariamente se construye la psique, se anticipa una nueva realidad propia de lo humano: el mundo de lo conceptual.

Al concepto necesariamente se llega a través de la actividad sensitiva como base prioritaria del mundo de la percepción, hasta la llegada de la simbolización y posteriores procesos mentales lógico-intelectuales...

Desarrollo visual frente a interés oral.

A los diez meses hay una descentralización de los intereses exploratorios de los objetos en relación a los sentidos. Se incrementa el interés de la exploración visual y táctil frente a la oral.

La experiencia táctil está muy en relación con el uso de las manos. Notamos un incremento de la especialización psicomotriz fina: utiliza la oponibilidad del pulgar con uso de pinza y hace exploraciones con el dedo índice. Se controlan por parte del sistema nervioso actividades entre lengua, manos y pies.

Desde el punto de vista conceptual, y en relación al conocimiento de los objetos, parece ser que se incrementa la capacidad discriminativa. Posee una capacidad muy agudizada de diferenciar entre varios objetos diferentes. Sabe cuándo está ante un tipo de objeto u otro.

Esto implica necesariamente un desarrollo psicológico de la mente realmente extraordinario en el terreno cognitivo. El poder mental, la capacidad de discriminar, distinguir diferencias, ad-

quieren su base en estas actividades infantiles.

La capacidad de diferenciación entre objetos distintos implica que el niño es capaz de conocer el todo y diferenciarlos de las partes del mismo objeto, para poder así contrastarlos con otros. Estas actividades infantiles son de extraordinaria importancia.

Es lógico que el niño tenga un interés mayor por visualizar y tocar los objetos que el explorarlos oralmente. Hay una descentralización de actividad exploratoria entre los sentidos, aunque siempre estén presentes a lo largo de los primeros años de vida todos ellos en un grado considerable. «Este niño todo se lo lleva a la boca», dicen las madres, muy preocupadas por la higiene y seguridad de su hijo.

Concepto de geometrización del espacio.

A la edad de doce meses el niño comienza a usar el espacio desde el punto de vista de su geometría. Esto implica necesariamente que a nivel mental existe una organización conceptual del espacio que permite al niño ir estructurándolo y manejándolo de modo mental.

129

El uso y conocimiento de los objetos debe hacerse siempre dentro de la dimensión espacial. El niño los explora y los sitúa en diferentes partes del espacio donde se insertan.

Los tira, los pone delante, los pone detrás, aparecen en el campo visual, desaparecen de él, los pone dentro de algo, los saca de dentro de algo hacia fuera, los pone encima o debajo...

Esta manipulación en el espacio de los objetos permite que la mente infantil adquiera experiencia sobre la geometría que preside el mundo espacial, la tercera dimensión de la experiencia humana...

Arrastra una cosa sobre otra, golpea... A lo largo del proceso evolutivo-cognitivo lleva al niño al conocimiento del espacio donde están los objetos que él usa y conoce.

Conoce, pues, primero la geometría del objeto y luego la del espacio donde se ubica. La exploración del espacio cobra unas dimensiones inusuales, grandiosas, con la aparición de la marcha, con la exploración que el niño realiza a través de su propia cinética personal...

Figura 15.—*El dominio del cuerpo en todos sus aspectos es el átomo más primitivo y básico en el que se basa el desarrollo de las capacidades humanas.*

Nacimiento de 10 la inteligencia e influencia del cerebro

Sería absurdo no reconocer un carácter histórico al tema de la estimulación de la inteligencia, y, precisamente, la consideración ya aceptada de que en la personalidad humana influyen tanto los caracteres hereditarios, los biológicos, los somaticos, como los propios del medio ambiente, sintetizándose en un proceso evolutivo infantil continuado que forman la psique, generando estructuras mentales. De ahí que la estimulación temprana posea un profundo sentido.

Es decir, en las tempranas edades estos dos componentes son necesarios para el desarrollo psicológico. Son también los pilares básicos en los que se asienta la educación infantil del primer ciclo cuando el cerebro, el sistema nervioso, se ve estimulado ambientalmente de modo pedagógico, por programas de estimulación sistematizados. Estos sistemas favorecen las posibilidades genéticas, dotando al cerebro humano de la capacidad de modificarse, enriqueciendo sus posibilidades y sus capacidades.

El cerebro se modifica por su propio uso

El cerebro humano se modifica por su propio uso, y este uso necesariamente parte de los estímulos que el niño recibe de lo que le rodea. En el niño pequeño, de edad temprana, el sistema de estimulación ambiental va a depender del entorno que le ha tocado vivir. Si es un medio depresor, el cambio cerebral por el propio uso va a ser menor que si el niño está en una situación rica en estímulos.

El cerebro se modificará en sus funciones, enriqueciéndose cuanta más calidad y cantidad existan en las situaciones de estimulación. El único modo de controlar pedagógicamente este influjo es conociendo con exactitud qué tipo de situaciones estimulares son las que benefician a cada edad. En cada momento del desarrollo existe en el niño una experiencia que permite el mejor uso cerebral, para potenciar las propias capacidades.

Las experiencias educativas más significativas, parte de la estimulación temprana

Ineludiblemente quien mejor conoce los sistema propios de estimulación son aquellas parcelas del saber humano que se han dedicado a este tipo de cuestiones. Los sistemas de estimulación temprana, generalmente, presentan esta perspectiva y demuestran ya que ni lo genético está preprogramado de una forma rígida. Ni lo ambiental por sí mismo puede cambiarlo todo. Con la estimulación de la inteligencia podemos observar un proceso de síntesis. Hasta los procesos más elementales de carácter bioquímico pueden verse modificados y afectados por las vías de estimulación.

La estimulación ambiental hace cambiar la bioquímica del organismo

Así se ha podido observar en múltiples investigaciones con elementos bioquímicos. Existen cambios en las sinapsis, en los que son responsables intermedios de la transmisión los impulsos bioeléctricos del sistema nervioso, llamados neurotransmisores.

Se ha podido observar, objetivamente, que en presencia de una rica estimulación ambiental hay una serie de factores somáticos diferenciadores: mayor tamaño de las neuronas, mayor nú-mero de dentritas, mayor número de conexiones axónicas, etc.

Las caraterísticas morfológicas del sistema nervioso son diferenciales cuando existe, o no, un ambiente rico en estímulo. A esto lo vamos a denominar como experiencia estimular. Este tipo de experiencia de un niño de temprana edad es lo que produce un uso del cerebro, y esto puede modificarlo.

El cerebro cambia en forma de mayor capacitación

No nos interesa tanto el hecho de que la experiencia estimular cambie el sistema nervioso en su bioquímica, por el uso que supone del cerebro en su estructura morfológica, ni siquiera nos interesa cómo pueda ser este cambio a nivel neurofuncional. En otro sentido, la modificación que nos interesa a nivel cerebral es la que nos indica un cambio de la capacidad, el cambio que capacita más y mejor al niño de edad temprana para afrontar con mayor éxito los aprendizajes que se le ofrecen, al menos los característicos de su edad.

El cerebro humano es capaz a través de su uso, a estas edades, de desarrollar potencialmente aprendizajes verdaderamente sorprendentes para la pedagogía tradicional, pero siempre desde la consideración evolutiva de la psique.

Donde hay estimulación hay efectos bioquimicos cerebrales

Hay datos de tipos bioquimicos que hablan de la enorme importancia que tiene la experiencia del niño pequeño para producir determinada cantidad de neurotransmisores. Pueden no estar presentes en las transmisiones nerviosas, si no hubo en la historia personal del individuo un ambiente estimular rico. Si esto acontece a nivel químico podemos creer que también afectará al modo general de procesar la información cerebral y que está en relación con la actividad mental de los individuos. Se cuentan por miles las investigaciones que se han realizado en este sentido.

La estimulación de la inteligencia y la afectación de las vías sensitivas

Ha sido tradicional de la estimulación temprana enriquecer la experiencia del niño a través de las vías sensitivas: auditiva, visual, táctil, gustativa, olfatoria...

Estos programas de estimulación se han realizado teniendo en cuenta los hitos evolutivos, los periodos o etapas de la evolución.

Está también claro que el ambiente afecta al niño mucho antes del nacimiento, por lo que es plausible la educación prenatal a través de la estimulación intrauterina

Está muy claro que nosotros podemos enriquecer el ámbito físico del niño, pero no es únicamente, ni son lo más importante en la estimulación temprana los sistemas puramente físicos, de frecuencia, intensidad, calidad y cualidad de los estímulos presentados vía sensorial, sino las repercusiones afectivas, formadoras de la personalidad, las que realmente nos interesan, introduciéndose, pues, en el ámbito de la estimulación, en diversidad de áreas que acompañan a los sistemas estimulatorios.

La afectividad es el fin en los comportamientos

Un niño es capaz de modificación cerebral cuando su finalidad afectiva se ve complementada, es el objetivo de todos sus esfuerzos cuando las necesidades básicas está cubiertas. La afectividad para los niños en edad temprana, por tanto, es el objeto de todos sus esfuerzos. Cuando tiene

133

una finalidad afectiva el niño utiliza cualquier medio para lograr su fin, y es en este esfuerzo intermedio donde el cerebro se modifica, aprende, se desarrolla.

Así deducimos aquí un principio fundamental. El niño debe percibir un contexto socioafectivo favorable, motivante y equilibrado; justo en esta fase es cuando el niño pequeño utiliza todo tipo de recursos disponibles en su naturaleza.

Desde luego, usa sus capacidades cerebrales, y en el uso de su cerebro lo transforma desde todos los puntos de vista neurofuncionales, se hace más potente en sus capacidades de adaptación. Pasa, pues, de una forma estructural cerebral a otra. En esto quizá consista el cambio cognitivo estructural que se realiza a través de la estimulación temprana.

Los niños estimulados son capaces de grandes logros

Los niños así estimulados son capaces de grandes logros en comparación a lo normal. Poseen más rica experiencia estimular; movidos por una confirmación afectiva en su ambiente social pueden desarrollar un cerebro en mejores condiciones neurofuncionales. Desde este punto de vista no podemos extrañarnos de que muchos sistemas hablen de la lectura como un aprendizaje, que, en el ser humano, puede adelantarse a lo que es habitual. No solamente existe en los niños pequeños el desarrollo cerebral de estas capacidades relacionadas con aprendizajes de la lectura, sino que existe la capacidad de la comprensión antes que la del lenguaje y otros aprendizajes. Entendemos el término lectura no como algo que se dé igual que en el niño mayor o persona adulta.

Pero, volvemos a decir, no es posible en niños tan pequeños un movimiento súbito por el estímulo, sino por una meta afectiva o de supervivencia. Una vez exista esta condición básica, desde luego, el niño podrá emplearse en la búsqueda y recreación del desarrollo a través de la estimulación, en el placer de la función cognitiva.

Aquí la experiencia estimular encontrará las vías de la modificación cerebral en sus funciones e hitos evolutivos. Ningún niño pequeño puede existir psicológica o mentalmente sin partir de su propia experiencia, y ésta llega fundamentalmente de las estimulaciones ambientales que son de orden de estímulos afectivos y físicos, mutuamente implicados, y de difícil disolución, y las que les proporciona su propio cuerpo. Esta es la base de la Educación Temprana.

El sistema, en su conjunto, puede apuntar hacia una experiencia estimular anormal o hacia una situación contextual de experiencia estimular liberadora y ampliadora de las capacidades humanas, no solamente intelectivas, aptitudinales, sino plásticas, creativas, afectivas y sentimentales, etcétera.

El niño pequeño en edad temprana, pues, puede tener con su medio entorno diversidad de experiencias de las cuales va a depender la estructura conformada de un cerebro siempre cambiante y evolutivo, no solamente en el orden de la maduración somática, sino en la psicológica o mental.

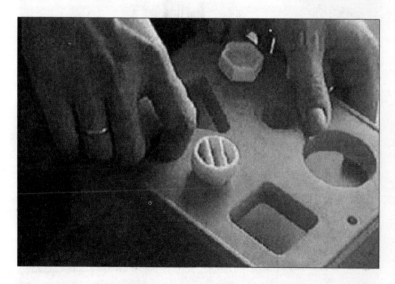

Figura 16.—*El niño aprende a manejar sus manos, y con ello el cerebro ensaya multitud de contextos perceptivos y sensoriales. El cerebro calcula distancias y automatiza las coordinaciones, la presión, el movimiento, la fuerza...*

Figura 17.—*Una vez que el niño incorpora en su cerebro toda la experiencia motora, la mente comienza a organizar su actividad en base a experiencias más cognitivas, más intelectuales. Esto es lo que se entrena en la escuelas infantiles y colegios.*

CAPÍTULO IV

INTELIGENCIA Y CEREBRO

Todo en la naturaleza tiene una gran fuerza de adaptación a la vida. Me quedé muy sorprendido al leer en la revista «National Geographic» un artículo que comenzaba diciendo:

«Las plantas se pueden comunicar entre sí.»

Explicaban cómo los científicos al inyectar un virus en unas plantas de tabaco, las que quedaron infectadas emitieron al aire una sustancia química que avisó a las otras no infectadas de la existencia del virus, y provocaron en esas plantas la generación de una sustancia que las protegió contra el virus. La Naturaleza es sabia, la Naturaleza es inteligente...

Estamos dentro de un mundo y una cultura mecanicista y fuertemente materialista. Así que a cualquier presupuesto donde el mecanicismo pueda triunfar se le da un peso ingente dentro de lo que es la opinión de la calle.

En la actualidad, es algo sorprendente cómo influye el tema de la ingeniería genética en casi todas las cosas. Así pues, fácilmente se encuentran rastros genéticos para todos los asuntos, incluso para las cuestiones más asombrosas.

Es verdad que la ciencia aporta un conocimiento de una grandiosidad inusitada y casi mágica, pero, con frecuencia el ser humano es ingenuo y crédulo. Hablamos de la inteligencia artificial como si estuviéramos dentro de unos parámetros parecidos a los que ocurren con la inteligencia natural. La verdad, entre este tipo de inteligencia y la que aportan los seres humanos existe un gran abismo. Muchas veces, se habla de cosas que remotamente se relacionan, tanto como lo pueden hacer los llamados virus informáticos y los virus biológicos; o quizá, para hacernos una idea más exacta, es como si dos personas hablasen sobre el concepto de cielo, y uno fuera astrónomo y otro teólogo, y ambos tuvieran que entenderse mientras uno describe el cielo como un estado espiritual, en el sentido cristiano, y el otro estuviera hablando de estrellas, galaxias y cúmulos de galaxias.

Se podría decir con ironía: «La verdad es que en ambos está Dios.» Lo más curioso de este ejemplo es que nos puede estar pasando algo parecido cuando consideramos la inteligencia de nuestro hijo como programada por un fatal destino genético.

Este fatalismo determinista lo he observado en opiniones expresadas por muchos profesores frente a sus alumnos en los que ven a alguien, en cuanto al desarrollo de las capacidades, en función de su naturaleza; o es capaz en grados diversos o incapaz.

Sin embargo, la educación debiera partir siempre de la premisa básica y fundamental en que la idea del crecimiento intelectual debiera considerarse sin límites. Abriría esta actitud todo tipo de posibilidades para encontrar maneras de estimular y educar (entrenar) el cerebro humano pensando que su potencial, aunque tenga límites genéticos, es un órgano con una ingente capacidad de aprendizaje. No decimos que las capacidades humanas no tengan límites, sino que esos límites son extraordinariamente indefinidos. Es posible, incluso, que la evolución, en el tiempo que quede por venir, del cerebro humano, le lleve a un estado donde esos límites queden rotos por nuevas estructura neurocorticales, pero eso pertenece al plano de la ficción.

Si un padre participara de la idea de un determinismo intelectual para su hijo, difícilmente estará en la actitud de ayudarle a estimular su capacidad intelectiva, ya que en sí mismo, y desde el principio, se opone a que ésta pueda ser mejorada. Si no vemos tampoco que eso le pueda beneficiar y consideramos que socialmente ser demasiado inteligentes es un problema, estamos en la actitud de proyectar sobre nuestro hijo una carga ingente de ineptitud.

Considero la idea de que los niños vienen al mundo con mucha más capacidad potencial intelectiva de la que nosotros, luego, le ayudamos a desarrollar. Eso lo expresan multitud de investigadores de la infancia. Es posible que nuestra cultura y sus posibilidades podrían estar en estos momentos superdesarrolladas con relación al estado actual no sólo en el terreno intelectual, sino también en el emocional y en el social.

Posiblemente, podríamos tener ya una red social generalizada a todo el orbe bajo una dirección de hombres inteligentes y profundamente humanos. Quizá, ya no existirían el hambre ni la pobreza, ni el odio ni el egoísmo, ni las injusticias sociales que marcan las bárbaras diferencias entre los grupos de seres humanos.

Particularmente, pienso que un hombre más evolucionado en sus capacidades y en su sensibilidad emocional podría generar una cultura realmente más luminosa. Probablemente, el valor de esa cultura estaría en la humildad, el amor y el desprendimiento, pero a la vez seríamos una raza afincada en la sabiduría, en la sencillez y estaríamos apoyados en una fina y penetrante inteligencia muy dotada.

Pero nada de eso será posible mientras el hombre sea tan mezquino de ponerse a sí mismo la zancadilla y proyectar en sus hijos la creencia de que ha nacido incapaz, con todo un universo de limitaciones. La luz hacia un nuevo estadio de nuestra civilización deberá partir de los padres, de la educación que den a sus hijos, de las escuelas. La gran revolución está siempre por venir y una de las dimensiones donde se puede localizar su fermento más básico está en la educación.

No necesitamos dictadores ni políticos mezquinos, sino a seres humanos inteligentes, sabios, profundamente humanos. Todo ese potencial comienza a estar presente en el niño cuando nace, y debemos creer que en ellos se realizará la promesa de que el mundo será un lugar mejor en todos los sentidos.

Lo que al hombre le hace singular es que siendo parte de ese proceso inteligente de la Naturaleza, es también el primero en ser capaz de tomar conciencia, de estar más despierto que ningún otro ser, en el sentido de que es capaz de contemplar sus propios procesos de pensamiento, observar al mundo desde la perspectiva de su consciencia. Esto no quiere decir que sea el único, todos los seres tienen un grado de consciencia; en el hombre, existen unos mecanismos mentales que le hacen ser tal y como es, un ser muy dotado para el autoconocimiento.

Pero aún, como podemos ver, no hemos dicho nada sobre la inteligencia. Sabemos que en la vida constantemente hay que tomar decisiones frente a muchas posibilidades que se nos presentan para actuar en cada momento, pues la inteligencia tendría algo que ver con ese efecto de elección de la toma de la mejor decisión que nos lleve al mejor resultado de los posibles, pues los procesos que actúan para llegar a un determinado punto serían quizá los de la inteligencia.

Esa toma de decisión sobre cuestiones concretas singularizaría una ingente cantidad de formas o modos de inteligencia diversos, de ser o de actuar. En todo esto operan muchos procesos mentales. No sabemos qué es la inteligencia, incluso es posible que ni exista, aunque podemos intuir que sobre la inteligencia operan multitud de factores o circunstancias, principalmente mentales, que la constituyen.

Aprendemos a dar respuestas a las exigencias de todo lo que nos rodea. Lo hacemos de modo instintivo y también de modo reflexivo. Desde que nacemos hasta que morimos estamos en continua interacción con el medio dando respuesta a todas las exigencias que éste nos plantea.

Quizá nuestro modo particular de responder a esas exigencias podríamos comenzar a entender que está en relación con nuestra forma de ser inteligente. El niño pequeño tiene multitud de formas de aprender. El ser humano es alguien que siempre está aprendiendo cómo responder de una determinada manera al medio y sus exigencias, observando los resultados, para aprender que eso le conduce a una u otra circunstancias.

Esa forma de orientarse a través del aprendizaje también es inteligencia. Luego, según esto, la inteligencia sufre un proceso de transformación continua cuyo resultado está relacionado con la propia capacidad de aprender.

Y debe ser así como la inteligencia nace y crece transformándose continuamente. Hay gente que dice que tenemos límites, y esto es posible; mejor dicho, con mucha posibilidad es cierto. Tenemos unos límites que han de ver con nuestro cerebro. Nuestras capacidades tienen un cuerpo donde se ubica, y el cuerpo principal de la inteligencia es el cerebro. ¡Qué papel juega nuestro cerebro en lo que somos...!

Vi a mi padre, y aun siento tristeza cuando me acuerdo de ello, cómo un mes antes de fallecer de metástasis cerebral, entraba en una habitación para encender un interruptor y observar que había un olvido de algo que le era familiar, la relación que existía entre la luz y el interruptor, al que le daba una y otra vez sorprendiéndose de que la luz se encendiera y apagara como efecto de su acción.

Esta misma mañana, un profesor de un colegio que había sufrido una trombosis cerebral, con palabras de difícil pronunciación, después de dos años de convalecencia, me decía que yo no podía imaginar lo que era perder la capacidad de leer, a lo que le respondí que no, que no era capaz de imaginar semejante cosa.

Su accidente orgánico le había afectado las áreas cerebrales del lenguaje, y sentía un profundo dolor por esa pérdida tan inestimable para una persona amante de la lectura.

Me dijo que la señora de la limpieza le había comentado que ella nunca había aprendido a leer y que no pasaba nada. Pero esa no era la mejor solución para su problema —me dijo— y me expresó su profundo pesar.

Todo está en el cerebro, pues éste posibilita todas las capacidades mentales. No debe ser considerado como un habitáculo, sino como el potencial mismo de la inteligencia, entendiendo ésta, como muchas otras cosas, producto de muchos factores mentales.

Es sorprendente creer cómo existe, probablemente, una capacidad de la inteligencia que tenga una correspondencia directa con lo que somos por la transmisión genética, y otra que se corresponda a cómo los seres humanos recibimos y activamos nuestras neuronas cerebrales a través de procesos como el de aprender.

Quizá el cerebro sea más capaz cuanto más neuronas conecte; quizá esa capacidad de unir neuronas sea más fácil de producirse cuanto más pequeño es el hombre, pero no por ello el hombre deja nunca de aprender, por tanto de hacerse siempre un poco más inteligente. Mientras uno pueda acostarse aprendiendo algo nuevo, el cerebro también es algo más inteligente y capaz de adaptación.

Estamos exponiendo para los padres cuestiones muy importantes que atienden a la idea de estimular la inteligencia de nuestros hijos en la edad infantil. Pero aún todo esto debe resultar muy confuso, por lo que deberemos seguir indagando algo más sobre el concepto de inteligencia.

No debemos perder este último rastro que pone en relación al cerebro y la inteligencia, y vamos a comentar algo más sobre este asunto, por cuanto puede ser un tema esencial para estimular la inteligencia de nuestros hijos.

Karl Priban, catedrático de Psicología de la Universidad de Radford en Estados Unidos, sostiene que entrenando al cerebro se consigue una mayor sensibilidad y un mayor desarrollo de la manera de sentir. Las diferencias de las capacidades humanas se basan en las diferentes maneras en que programamos el cerebro. Esa programación, ¿no es el hecho educativo en sí? ¿No es el aprendizaje un tipo de entrenamiento del cerebro...?

Para este autor el cerebro siempre lo usamos de un modo total. Esta idea es básica si consideramos que lo que va a determinar realmente la mayor o menor eficacia de ese cerebro es esa llamada «programación».

Un autor como Doman diría que la inteligencia depende de la estimulación que propongamos para el niño en sus diversas vertientes: auditiva, visual, psicomotora...

Priban dice que el cerebro «está continuamente cambiando por todo lo que percibimos». Y estos cambios, ¿no tendrán que ver con la capacidad de ser inteligentes? Todo indica que sí. Nuestro mundo perceptivo es nuestro mundo de aprendizaje. Nuestros procesos de pensamiento, nuestra manera de simbolizar, de sentir, de ser emotivos y afectivos.

Nuestro cerebro está en relación con toda nuestra vida mental, y nuestra inteligencia es como una especie de guía en ese cúmulo de consciencia y también de inconsciencia.

Creemos que es muy cerrada la idea de que toda posibilidad de hacerse más inteligente está circunscrita a un periodo breve referido a la infancia, como documenta Doman. Es cierto que el cerebro del niño debe ser más flexible y plástico a su propio «cambio» durante la infancia. Es lógico que así sea. Eso se corresponde con el propio progreso del niño pequeño en todos los órdenes de su vida, cuyo exponencial crecimiento a nadie le resulta inadvertido; pero, en general, el ser humano tiene un cerebro con posibilidades de cambio durante casi toda su vida, mientras éste no sufra deterioros de base orgánica.

También es verdad que ese cambio global del cerebro por influjo de lo que percibimos se va frenando cada vez más.

Como ya hemos descrito, en otra parte de este libro, han sido los psicólogos los que al observar la evolución de la inteligencia natural evalúan que ésta sufre un «parón» en su crecimiento en torno a los dieciséis años aproximadamente.

Hay muchos indicadores para prever que el cerebro cambia, se modifica más por influjo del medio cultural que nos rodea que por efecto de factores genéticos.

Nacemos quizá con un potencial que hay que desarrollar, con un cerebro que durante los primeros años está más abierto a las modificaciones neurofisiológicas. Para Priban, el cerebro se está reprogramando continuamente por influjo del medio.

Esto es lógico que sea así, pues en otro caso nuestras respuestas se cerrarían ante el medio y las pautas de conductas quedarían fijadas. No existiría la posibilidad de nuevos aprendizajes. El cerebro, en cualquier momento de su existencia, es un órgano vivo y cambiante, dinámico, y esto se refleja en su actividad mental; por supuesto, en lo que podamos denominar como inteligencia.

Esos cambios, y esas reprogramaciones cerebrales, en los niños, posibilitan y enriquecen sus capacidades intelectuales gracias a la actividad educativa.

En parte, estamos ya hablando de las capacidades que la educación potencia, educa y desarrolla con los niños. Claro que el cerebro no sólo funciona en determinados contextos y circunstancias, sino que reacciona y se modifica siempre.

En realidad, de lo que estamos hablando es de la mente, y ésta no se contiene en un cerebro. Es el modo de funcionar del cerebro mismo. Esta idea creo que es fundamental. Priban dice: «El cerebro se está reprogramando constantemente, pero, desafortunadamente, lo que la mayor parte de una generación ha aprendido, la siguiente tiene que aprenderlo una y otra vez.»

El cerebro no es capaz de transmitir su propia esencia, o sea, su experiencia. Esto es bien evidente para los padres con relación a los hijos. Lo que sí podemos hacer es que el cerebro de nuestro hijo se estimule mediante ejercicios que pongan en marcha al cerebro en su faceta mental.

El cerebro tiene tantos matices que no sólo es posible mirarlo en su funcionamiento cognitivo (se de-

Figura 18.—*El aprendizaje es la base principal del entrenamiento que necesita la mente para organizarse del modo más inteligente posible. Como un atleta hace con su cuerpo para lograr una marca deportiva.*

nomina con esta palabra a las características principalmente intelectuales del cerebro), sino también las
afectivas y emocionales.

Para Priban la mente puede ser objeto de entrenamiento como lo pueda ser el cuerpo dentro de otro
orden de funciones. La metáfora es válida, el cerebro es realmente la esencia del individuo al que todo
influjo externo modifica.

No podemos pensar que la personalidad con toda
su riqueza intelectual y afectiva se localice en un
dedo de un pie, por poner un ejemplo sarcástico. No.
Se localiza en el cerebro. Y sabemos que la sensibilidad, el sentimiento, el talento, la emoción, la
afectividad, la inteligencia..., se hallan estrechamente
interrelacionados en la mente.

Un niño con una autoestima baja puede condicionar o ser motivo de una bajada en la eficacia de su
rendimiento escolar, por ejemplo, si al hacer una tarea
su cerebro entiende que no es capaz... Los pensamientos: «no soy capaz», «no puedo», frenan el propio rendimiento del cerebro en su faceta intelectual.

De todos es conocido que la ciencia apunta a que
el cerebro se modifica y que los individuos diferi-
mos en cuanto a cualidades de la mente. La inteligencia como parte de las cualidades de la mente, el
talento, la creatividad y otras muchas funciones cognitivas no se sabe realmente qué son.

Para Priban: «No sabemos realmente en qué con-
sisten las diferencias de talento, ni siquiera sabemos

cómo plantear la pregunta, si es química o un tipo diferente de conexión neuronal, o una cuestión de un mayor número de conexiones.»

Se da muchas veces por sentado que si estimulamos al niño en edad infantil enriquecemos su potencial intelectual porque hacemos que el número de conexiones entre las neuronas aumente, pero, realmente, esto no se sabe a ciencia cierta.

¿Cómo repercute la estimulación temprana sobre el cerebro de un niño con respecto a otro que no es estimulado?:

— Se producen reacciones químicas exclusivas.
— Se producen conexiones especiales entre las neuronas, generándose redes neuronales diferentes.
— Simplemente se aumenta el número de conexiones cerebrales.

No se sabe con exactitud qué sucede cuando estimulamos de una determinada forma al cerebro, no conocemos cuál es la manera de modificarse. Pero esa duda, ese desconocimiento fisiológico y anatómico de los mecanismos cerebrales básicos de nuestra mente siempre ha existido; eso no quiere decir que no se pueda estimular el cerebro y observar sus resultados.

En eso se basan muchas formas de terapia. Hoy día, cuando se trata de solucionar el problema de alguna depresión endógena y se localizan carencias en las funciones bioquímicas de las transmisiones neurales (principalmente las localizadas en los espacios sinápticos), lo que se hace es aportar al organismo elementos minerales que restablecen ese equilibrio bioquímico que debe existir entre las neuronas y sus transmisiones del impulso nervioso. Y de este modo observamos que las personas cambian de humor y estados de ánimo.

La pregunta estriba en si es el propio cerebro, cuando funciona a nivel mental con sus implicaciones sociales y de entorno, el mismo que puede provocar esas carencias bioquímicas. Está muy claro que incluso la bioquímica del cerebro está en función del uso que el cerebro hace de sus propias cualidades. Este es un tema realmente muy complejo, pero apasionante.

¿Podríamos hacer a través de aportes bioquímicos seres más inteligentes? Está muy claro que el desarrollo de la corteza cerebral ha posibilitado un tipo de hombre como el que en la actualidad somos, y que nuestras cualidades mentales están desarrolladas en nuestra estructura cerebral. Pero esa es la cuestión, nuestro cerebro se ha hecho gracias al medio, gracias al uso que hemos tenido que ir desarrollando con nuestras manos y nuestra inteligencia, gracias a nuestra capacidad de invención y de adaptación, gracias a nuestros enfrentamientos hacia un medio ambiente exigente, dinámico, cambiante...

Todo eso nos ha proporcionando un cerebro que se ha construido a sí mismo con una disposición que ha permitido que sea posible el mundo de la consciencia, del estar despiertos, de ser auto-observadores de nosotros mismos; nos ha permitido cierta capacidad de comprensión, de análisis de las cosas que nos rodean. El cerebro se ha instaurado como un órgano útil para la existencia propiamente humana.

¿Cómo podemos pensar que todo ese proceso filogenético en la actualidad esté parado? No se ha parado, y probablemente los cambios imperceptibles van y se irán acusando de generación en generación, se irán acumulando de padres a hijos.

Si viviéramos para ver al hombre evolucionado dentro de un millón de años, ¿nos reconoceríamos mentalmente en ellos? ¿Nos verían ellos como nosotros vemos a los *homo habilis,* por ejemplo?

Está claro que nuestro cerebro debe tender hacia un continuo cambio y mejora. Lo que Priban nos quiere decir, cuando comenta: «lo que una generación ha aprendido, la siguiente tiene que aprenderlo una y otra vez», es que nuestro cerebro tiene muchas carencias; quizá el propio cerebro, su naturaleza, esté empeñado en ir auto-reformándose y auto-cambiando hasta llegar a un cerebro con otras cualidades, con otro modo de funcionar.

Se viene diciendo, por parte de los científicos, que la estructura de dos cerebros en uno (la existencia de los dos hemisferios cerebrales es la confirmación de que tenemos dos cerebros en uno) es en sí misma una carencia, una inconveniencia de la evolución.

Es posible que nuestro cerebro pueda llegar a que la experiencia no sólo sea un tema personal que muera de alguna manera con el final de nuestra propia existencia, sino que se pueda transferir de modo biológico. En esto se basa el mito novelesco y cinematográfico en que el cerebro del hombre sabio es trasplantado a otro cuerpo. Posiblemente, el cerebro con el paso del tiempo encuentra alguna forma de perpetuarse y lograr vivir algún tipo de eternidad.

No importa la ciencia-ficción que hagamos con respecto al futuro del cerebro, para considerar que este órgano tiene infinitas posibilidades, que es un órgano vivo y cambiante.

Pues bien, nuestro hijo pequeño goza de ese cerebro, que tiene que aprenderlo todo de nuevo por sí mismo, que tiene que experimentarlo todo de nuevo otra vez, y además en función de ello el cerebro se tiene que construir bioquímica y conectivamente (formar redes y conexiones neurales nuevas); o sea, tiene que programarse con relación al tiempo y al espacio.

Esa programación de tiempo y espacio que realiza el cerebro del niño mediante el uso del cuerpo con todas sus funciones es lo que hace «despertar», nacer y desarrollarse a la mente. Pero ésta, con su desarrollo, a su vez influye otra vez sobre el cerebro de forma bioquímica, anatómica y fisiológica, para reprogramarse de nuevo en un cerebro mental diferente.

Ese proceso es el que muchos psicólogos —como Piaget— han observado en la conducta de los niños y puesto en relación con una dimensión de orden intelectual que se ha denominado desarrollo cognitivo.

No conocemos cómo el cerebro aún se modifica en su mecánica básica a nivel químico, conectivo y neuronal, y se desconoce la mecánica funcional de casi todos los procesos mentales, pero sabemos mucho sobre su producto, la mente.

La consecuencia más visible del funcionamiento de la mente es la conducta y sus cualidades, que no dejan de ser el resultado de lo que el cerebro es en sí mismo. La conducta es el producto más evidente y directo del cerebro.

Pero existen muchos tipos de conductas: el pensamiento es uno de ellos; hablar y comunicarse es otro; andar, quitar la mano de algo que nos quema, también...

La conducta es el producto más visible y terminado de lo que el cerebro puede hacer. Estudiar la conducta es entender lo que el cerebro es capaz de hacer en su fase final; lo que queda menos claro son los procesos que el cerebro sigue para producir la conducta, y menos aún entender cómo es posible que los realice en su mecánica más básica. En este sentido estamos como en los tiempos de Aristóteles.

Para entender este galimatías se me ocurre pensar en la tan trillada similitud con el ordenador. Imaginemos a alguien que no entiende de informática pero sabe usar un programa de ordenador, pongamos por caso un procesador de textos.

Está muy claro que el programa «procesador de textos» es el resultado de una manera de usar las capacidades del ordenador, de las que resulta el procesador de textos, pero el usuario no sabe nada de cómo es posible esto gracias a la programación, aunque lo intuye. El procesador de textos es un programa elaborado de una determinada manera por un lenguaje de programación, no es el ordenador mismo con su ingente capacidad de usar una inmensa variedad de programas.

En ese estado, más o menos, es en el que se encuentra la ciencia en cuanto al entendimiento de las capacidades mentales; intuye de alguna manera cómo puede funcionar la mente y sus cualidades. Imaginemos al informático, o informáticos, que realizan el procesador de textos, sabiendo sólo usar un lenguaje de programación. Eso es lo que sucede con el entendimiento que hacemos de la conducta.

Lo que no entiende el informático en programación es entendido por el técnico que hace el ordenador. Sabe que sus componentes permiten hacer determinadas acciones básicas que a la vez posibilitan la programación —uso de registros y memoria—, y como resultado de ello se logra, gracias al procesador, o chip, realizar programas.

Pero nosotros sabemos muy poco sobre el modo como los componentes de nuestros cerebros funcionan para poder llegar a formarse la mente.

En este burdo ejemplo, lo que está muy claro es que el hombre puede realizar programas cada vez más eficientes, y eso es también precisamente lo que podemos hacer con nuestra inteligencia mediante la estimulación adecuada. Aunque, por supuesto, ese enriquecimiento tiene un límite, como el ordenador lo tiene en sus componentes.

Cuando el informático llega al límite en un determinado programa sabe que el ordenador físico tiene que ser cambiado. El hombre también cambia su cerebro a lo largo de la evolución y su historia como especie.

En el niño podemos estimular sus capacidades, pero también dentro de unos límites, que tienen que ver con la maduración y el desarrollo. El niño pequeño está más abierto a esos cambios y su cerebro como estructura es más flexible y cambiante que la del adulto.

Esto ocurre como cuando comenzamos a introducir programas en nuestro ordenador; cada nuevo programa que utiliza, hace del mismo una máquina con más posibilidades, y a la vez poseemos una herramienta con más usos para nuestros fines.

El niño pequeño, convenientemente estimulado, se desarrolla como ese «ordenador» (salvando las infinitas distancias), tiene más potencial de uso y llegará a tener más posibilidades de usar sus capacidades; o sea, puede ser más inteligente que si le dejáramos como un «ordenador» con un solo programa. No es que sea mejor o peor, sino que tiene menos posibilidades.

La estimulación del cerebro y el desarrollo de la inteligencia tienen una relación total, claro que el modo en que enfoquemos los programas de esa estimulación también va a dar resultados diversos. El niño es un ser muy complejo con más posibilidades de las que hoy día podemos concebir para él y su futuro. Pero eso no quiere decir que no nos pongamos ya manos a la obra...

Figura 19.—*Los niños aprenden las cosas de una manera natural cuando su entrenamiento intelectual se organiza en forma de actividades lúdicas y de manera que le motive. Un niño no aprende por aprender como objetivo principal de su actividad, sino porque con el aprendizaje se siente más capaz, más independiente, más persona reconocida y valorada.*

La experiencia del niño y el desarrollo de la inteligencia.

11

Los niños pequeños, en edad temprana, quieren siempre experimentar de un modo puro la «evidencia», y esta «evidencia» está en el entorno, que va a reflejarse de modo ineludible en el interior del niño en forma de experiencia.

La experiencia temprana de un niño pequeño se refleja en su cerebro, y aquélla ha sido enriquecida por los estimulos externos. Esta experiencia temprana del niño pequeño no es visible a los padres, ni a ninguna otra persona externa al propio niño que la vive.

La experiencia temprana del niño pequeño constituye su desarrollo interior, que está influido por todos los eventos medioambientales que le rodean. Esto es muy importante entenderlo en la estimulación de la inteligencia, ya que nos permite diferenciar dos conceptos: la experiencia y el comportamiento.

Lo que de un niño se puede evidenciar es su comportamiento y que éste es a su vez expresión directa de su experiencia interna.

En los pequeños esta realidad no puede hacerse evidente a través del lenguaje, sólo puede ser comunicada a los demás por la conducta visible. El comportamiento del niño en edad temprana se cierra a un mutismo que sólo es interpretable a través del comportamiento.

No podemos extrañarnos de que un autor como Gesell se centrara, para conocer los aspectos internos del niño, en la observación de los comportamientos, hasta llegar a deducir el modo de desarrollo interno. También sabemos que un autor como Piaget es un observador del modo de proceder externo del niño, para deducir las maneras de organización cognitivas internas, diferenciando fases y periodos. El niño pequeño tiene una experiencia temprana que está oculta a la observación directa, pero que se relaciona con el mundo externo, por la cual se establecen patrones de comportamientos.

Estimulando los comportamientos estimulamos la experiencia interna del niño y sus capacidades

Si estimulamos conjuntos de comportamientos, lo que estamos realmente haciendo es enriquecer el mundo de la experiencia interna del niño pequeño. En este concepto se basan muchos de los sistemas de estimulación de la inteligencia; conocidos los comportamientos característicos de cada etapa, si hacemos que los niños se ejerciten en ellos estamos provocando una experiencia interna enriquecedora a nivel temprano.

Cuando producimos en el interior del niño un sistema experiencial nuevo, relacionado con otras experiencias ya existentes (esto es característico de los aprendizajes significativos, que son de tanto interés en la educación), por supuesto que estamos estimulado un cerebro en continuo cambio, en continua modificación.

La invisibilidad de la experiencia se ha llamado alma.

La experiencia del niño nunca es visible a los ojos del otro, como no lo es a ninguna otra edad; lo que podemos observar son comportamientos, y éstos forman una interexperiencia social. Del niño pequeño no podemos exactamente saber cual será su experiencia cuando le estimulamos, aunque podemos deducir el modo de evolución de la experiencia interna del niño pequeño gracias al conocimiento de la psicología evolutiva. La experiencia

temprana es invisible para los demás, fuera del niño pequeño concreto en su carácter evolutivo: él vive su experiencia.

Esta invisibilidad se llama alma, que es lo que significa la palabra griega psique. Esta invisibilidad de la experiencia es generalizable a todo ser humano; como diría Laing: «Yo no puedo experimentar tu experiencia. Tú no puedes experimentar mi experiencia. Ambos somos hombres invisibles. Todos los hombres somos invisibles los unos para los otros...»

Sin embargo, esta experiencia es lo más evidente del ser humano. Su alma es lo más invisible y lo más evidente de la existencia.

Nosotros, en la experiencia temprana, utilizamos recursos para tratar de saber cómo se estructura esta evidencia en el niño pequeño. La ciencia que estudia la experiencia temprana en evolución ha sido la psicología, que es en el fondo la ciencia de las ciencias, como diría Laing; «la psicología es el logos de la experiencia, es la estructura de la evidencia y, en consecuencia, la ciencia de las ciencias».

No es de extrañar, pues, que la psicología sea en educación infantil uno de los pilares o fuentes de la actual Ley educativa. La

159

estimulación temprana trata de conocer el modo en que se estructura la experiencia en el niño pequeño.

Conocer al niño por su comportamiento

El estudio de esta experiencia temprana se basa en la observación científica del comportamiento mientras el niño vive la experiencia. Esta es la base del conocimiento de la experiencia temprana; a partir de esas deducciones se generan programas de estimulación para enriquecer esa experiencia vital del niño pequeño. Enriquecimiento que afecta y modifica en su uso el cerebro y sus funciones neurofisiologica, biológica y química.

El triángulo del equilibrio: psique (mente)-cuerpo-sociedad

El cuerpo, la psique y la experiencia sociocultural están estrechamente imbricados, metamorfoseados. Indisolublemente unidos para que el niño pequeño desarrolle más y mejor su experiencia temprana, para que desarrolle y cambie más y mejor a través de la experiencia su cerebro.

La estimulación de la inteligencia no es otra cosa que un sistema de sugerencias estimulares para enriquecer la experiencia temprana del niño pequeño.

La estimulación temprana es un sistema científico en la que se pone en relación el comportamiento del niño pequeño con su experiencia. Esta relación entre comportamiento y experiencia es un misterio para la ciencia. Se desconoce mucho su naturaleza implicativa, y, por supuesto, debe ser objeto fundamental de interés científico. Dice Laing: «La experiencia es invisible para el otro. Pero no es más "subjetiva" que "objetiva", ni más "interna" que "externa"... no es más psíquico que somático...»

La experiencia del niño pequeño no está en un espacio dentro del cuerpo

La experiencia del niño pequeño, de acuerdo con esta definición, no es una experiencia en un espacio dentro del cuerpo o de la mente. La experiencia del niño pequeño es cuerpo y mente en sí misma.

Esto nos lo vienen diciendo multitud de autores. Por eso la actividad motriz es tan importante, por eso la inteligencia comienza siendo sensomotriz.

El cuerpo y la psique se confunden en las edades tempranas, es a veces la misma cosa. El mundo interno del niño pequeño es el modo personal de experimentar su propio cuerpo en relación con sí mismo y con los demás. Por eso la estimulación temprana orbita sobre esa experiencia corporal, perceptiva, sensitiva...

La relación que se establece entre la experiencia del niño pequeño y su comportamiento no es ni interna ni externa. La experiencia del niño pequeño no está dentro de su cabeza, habitándola, ni dentro de una psique, es la «cabeza» misma, o sea, la experiencia del niño pequeño es la psique misma, es la mente misma, el cerebro mismo...

Luego cualquier cambio de la experiencia es un cambio cerebral, es un cambio mental y psicológico. En esto se basa la evolución, el cambio de la experiencia. Este cambio del niño pequeño puede producirse mediante la estimulación temprana; por tanto, del cerebro, es un cambio de la psique. Para W. Blake, citado por R. Laing, en *La política de la experiencia*: «El mundo interno será, pues, nuestro modo personal de experimentar nuestro propio cuerpo, los demás, el mundo animado e inanimado...».

Es muy interesante leer a este autor cuando habla de la experiencia de las cosas. Cómo esta experiencia está en las mismas cosas experimentadas, y no dentro de nosotros existiendo como entidades. «Mi experiencia no está dentro de mi cabeza. Mi experiencia de esta habitación está fuera, en la misma habitación», diría Laing.

La experimentación continuada que los niños hacen sobre las cosas que le rodean es la base del desarrollo. Nunca más exacto que la experimentación continuada que los niños en edad temprana hacen sobre las cosas que les rodean es lo que enriquece el mundo interno del niño pequeño.

La experiencia, en principio, es sensorial y perceptiva sobre el mundo que les rodea; cuando pasa a ser en el sentido piagetiano experiencia representada (inteligencia representativa) ha existido ya esa base de experimentación externa. Pero no debemos presuponer que la experiencia pasa a depositarse en una esencia superior, en una «habitación» dentro de la psique. No podemos pensar que el niño en edad temprana va acumulando experiencias cognocitivos, afectivas, sociales..., ni mucho menos.

«No existe una psique en la que nuestra experiencia esté», dice Laing, y prosigue: «mi psique es mi experiencia, mi experiencia es mi psique»; nunca mejor dicho, si este mismo principio lo observamos de manera nítida en niños de edad temprana. La experiencia del niño sobre todas las cosas internas y externas es la misma psique del niño.

De aquí la importancia que tienen los sistemas de estimulación temprana, ya que desde ellos parten niveles de experiencias delineadas desde la pedagogía para que el niño pequeño desarrolle en su experiencia su psique, pues esta experimentación es su propio mundo interno.

Enriquecer la experiencia del niño pequeño debe ser un objetivo prioritario en la educación

En la estimulación de la inteligencia estamos, pues, ante un tema medular de la educación infantil. Pero debemos decir que esta experimentación no se realiza solamente en un espacio y un tiempo llenos de estímulos físicos, sino que el conjunto de la experiencia temporo-espacial está siempre referenciada con respecto al grupo social donde el niño pequeño se ubica.

La psique, como experiencia, se forma en una constelación que mantiene interactiva múltiples realidades. Esta experiencia sobre la multirrealidad que hace crecer la psique es la que va determinando el modo en que el sujeto gesta, dirige, la conducta, su modo de proceder, que no es otra cosa que una cierta forma de expresar su experiencia, su psique.

El niño en edad temprana continuamente está referenciando, en su comportamiento, la experiencia que sobre el mundo tiene, la evolución psicológica del niño. Cuando observamos su comportamiento, no es otra cosa que el cambio y el enriquecimiento de su experiencia lo que nos hace dar un valor extraordinario a la educación infantil a estas edades.

Los sistemas de estimulación temprana hacen que el niño gane en calidad de su experiencia, los adelante, y permite la puesta en funcionamiento, mediante los comportamientos, de las capacidades del niño pequeño. Esta experiencia es la raíz del ser humano y constituye desde lo elementos más simples de la experiencia su origen psicológico.

Figura 20.—El niño pequeño está deseoso de vivir experiencias básicas. Se queda soprendido ante cualquier cosa que el mundo le brinda, y ello forma parte de su desarrollo intelectual.

La conducta individual y social del niño en edad temprana está condicionada continuamente por las exigencias externas; de ahí la importancia que los sistemas de estimulación tienen, pues esta pedagogía no deja de ser una disposición externa al niño, y es una exigencia que modifica continuamente la conducta individual y social del propio niño.

La intencionalidad, base de todo cambio de la experiencia

La experiencia, como dice R. Laing, refiriéndose a una definición de persona y en relación a la experiencia, es «como centro de orientación del universo objetivo; y, en términos de comportamiento, como origen de toda acción. La experiencia personal transforma un determinado campo de intención y de acción: nuestra experiencia sólo puede transformarse mediante la acción».

Nunca este hecho es tan visible como en el niño pequeño, donde su propia acción de carácter sensomotriz, al principio de la vida, es una acción manipulativa, que trastoca todo orden de la experiencia personal, conmutándola en un continuo generador de experiencia transformadora y naciente de la persona, en una continua intención.

La intencionalidad, el fin en el niño, es siempre afectiva, y los medios que usa en su acción son los que le permiten la experimentación sobre las cosas, como medio de alcanzar la intencionalidad.

El desarrollo del niño está imbricado en lo social

Un niño no es un objeto del mundo junto a otros objetos. Por eso su realidad no se puede entender cuando le aislamos como objeto individual de estudio. La persona del niño nunca puede entenderse cuando al niño le miramos como un objeto entre otros. El niño es experiencia y acción que se dan en un «campo social de influencia e interacción recíproca», escribe Laing.

La estimulación temprana debe, como sistema pedagógico, desarrollar al niño pequeño como persona que crece en la experimentación que hace en sí mismo y por los otros.

Los sistemas tradicionales de estimulación del niño pequeño generalmente son observadores del comportamiento externo del niño y estimuladores de los patrones conocidos.

En todos ellos nos movemos bajo conceptos de predisposición. Predecimos un comportamiento y lo estimulamos. Pero como educadores cometeríamos un gran fallo si todo lo encerramos en este modo de proceder con respecto al niño pequeño. Debemos entender siempre el conjunto de la experiencia del niño pequeño, mantener los sistemas de estimulación en una referencia global de la personalidad naciente del niño en edad temprana.

Como diría Laing, «se puede amontonar un gran número de unidades de comportamiento y observarlas como si fuera una población estadística, sin diferencia alguna con la multiplicidad que constituye un sistema de objetos no humanos. En este caso no se están estudiando ya personas». Desde luego, cualquier sistema de estimulación que parta y se aísle en conjunto de hechos y circunstancias, pierde el rumbo del concepto integrador de educación y de persona.

Al niño pequeño se le educa como persona total

No podemos hacer que el niño reciba impactos sensitivos de cualquier tipo que sean sin que consideremos al niño como persona en su conjunto.

En nuestros sistemas de estimulación de la inteligencia debemos tratar al niño como persona, de tal modo que debe existir una continuidad entre mi experiencia como padre educador y persona y la del niño, que también me experimenta en mi propia situación de educador que propone comportamientos.

La estimulación de la inteligencia nunca debe basarse en comportamientos o estimulando impactos sumados unos sobre otros. Es básico y fundamental que funcionen los dos niveles de experiencia, comportamiento y persona. En el conjunto de estas, propuestas, esta la interacción entre el niño y el educador, entre el niño y los otros niños en su conjunto y el educador.

Diría Laing, «mi experiencia de ti está siempre provocada por tu comportamiento. No es personal la conducta que es consecuencia directa de un impacto, como el de una bola de billar en la carambola».

El niño nunca debe ser víctima del impacto de los estímulos por los estímulos

Hacemos reiteración de esta temática, pues el niño no debe nunca resultar, en los programas

165

y la actividad de estimulación de la inteligencia peligrosamente víctima de ningún sistema de impactos, no globalizantes, donde el concepto de personas objetos de experiencia impere. Y esto puede ser peligroso para el niño, ya que podemos tratarle como a un puro ser objeto de desarrollo lineal de capacidades y no como a una persona en plenitud de muchas otras dimensiones. Debemos ser muy cautos, pues, los educadores; el mundo interno, sea al nivel evolutivo que sea, es hoy por hoy bastante desconocido.

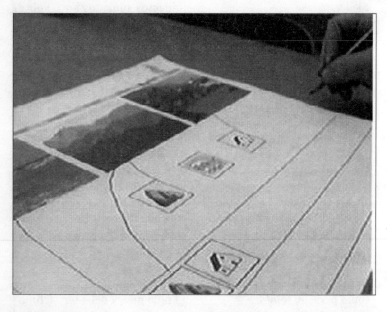

Figura 21.—*El cerebro humano va procesando toda la información que puede del mundo que le rodea. El niño pequeño procesa todo de una manera prodigiosa. La mente se organiza y el cerebro se modifica para crecer todo lo que puede en el universo del intelecto. De ahí la importancia de estimular al niño durante los primeros años de su vida.*

El modo de aprender de los niños hasta los tres años 12

El niño puede aprender repitiendo, pero cuando aprende algo esto lo adquiere junto a un fuerte significado afectivo. Aprender está muy ligado a la finalidad afectiva. Los medios que el niño entre cero y tres años emplea son fundamentalmente de capacitación intelectiva, ligados al uso que el niño hace de su cuerpo. Así, uno de los temas fundamentales a tener en cuenta en la estimulación de la inteligencia es el concepto de psicomotricidad.

No es posible entender la inteligencia del niño, en sus inicios, sin contemplar la psicomotricidad como base de toda actuación que lleva al niño al desarrollo de las capacidades; en esto están implícitas las acciones motrices del cuerpo y la inteligencia, como aptitud posteriormente diferencial del desarrollo, y la afectividad, como motor que da significado a cualquier tipo de acción.

En este período de la educación infantil podemos observar cómo los aprendizajes repetitivos son la base de los aprendizajes significativos. En otras etapas, van cambiando en importancia, y las consecuencias a nivel educativo son diferentes. El niño va construyendo a edades tan tempranas los aprendizajes a través de que sean para él significativos. El niño recrea la estructura de lo nuevo, manteniéndolo. Esto puede aprenderlo mediante la repetición.

El cuerpo cambia rápidamente su estructura, y no digamos la estructura cognitiva. En esto se basa el constructivismo psicológico de Piaget, y que, observado en niños muy pequeños, ha logrado transcender por la importancia que tiene en cualquier tipo de proceso de aprendizaje. El modo de aprendizaje del adulto no es igual que el del niño de cero a tres años, pero no podemos entender el modo de aprender del adulto sin entender el procedimiento básico del niño a estas edades.

Una estructura cognitiva da pie a otras, formando lo que Piaget llamó sincronía. Es muy importante saber que en estos mecanismos básicos es en los que se debe basar y se basan los aprendizajes tempranos, con mucha más mediatez que en cualquier otro nivel educativo. Lo que hagamos en estas edades tempranas va a estar siempre presente en el constructivimo de la capacidad cognitiva de la persona. Son las bases más importantes. Condicionan las capacidades futuras.

Los ejercicios de estimulación de la inteligencia deber ir dirigidos a potenciar las estructuras cognitivas del mejor modo posible. Tanto los aprendizajes significativos, como los esquemas de conocimiento, van a estar en relación directa, cuanto más pequeño es el niño, con su cuerpo, que es desde donde parte toda experiencia tanto para el sí mismo como para el exterior.

La mayor capacidad de modificación de los esquemas de conocimiento (al nivel que se corresponde a estas edades) se da justo entre los cero y los tres años. Y esto podemos potenciarlo, mejorarlo, haciendo que el niño pequeño realice ejercicios oportunos para este fin. Los esquemas mentales en estas etapas están muy en relación con la actividad del cuerpo, con los principios básicos de la estimulación temprana.

Cualquier programa de estimulación de la inteligencia debe tener en cuenta al niño, sus características y necesidades.

Los programas de estimulación de la inteligencia tienen su origen en el tema de las «deficiencias», de las carencias observadas en el desarrollo de niños.

Aun cuando estamos de acuerdo en que la terminología «deficiencia» como algo interno del niño, es inadecuado, frente al de «necesidad». Es verdad que fueron los sistemas de estimulación precoz para niños «deficientes» los que han demostrado que cuando estimulamos ambientalmente mediante programas de estimulación, el organismo responde modificándose y mejorando sus propias condiciones.

Esto ha sido válido también para la educación general y son principios perfectamente aplicables a nuestros programas de estimulación de la inteligencia.

Las dificultades en los aprendizajes son posiblemente modificables cuando actuamos mediante programas de estimulación de la inteligencia. La ayuda al niño con problemas de aprendizaje es así posible en el propio centro de educación infantil.

La escuela puede apoyar a los niños con necesidades especiales; por supuesto, cuando no se trate de ningún tipo de retraso por patología, que debemos derivar hacia una intervención especial. Aunque en el medio escolar podamos incluso seguir en apoyo orientados para el centro. Los programas de estimulación de la inteligencia pueden valer tanto para mejorar las condiciones de los niños con necesidades especiales, como para aquellas situaciones de mejora general de las capacidades de todos los alumnos.

Los programas de estimulación de la inteligencia surgen como una necesidad de asistir y mediar, para mejorar el desarrollo de los niños pequeños. Es verdad que en su inicio se aplicaron a niños con deficiencias, pero luego se generalizaron a procesos educativos, en principio aplicados en ambientes familiares.

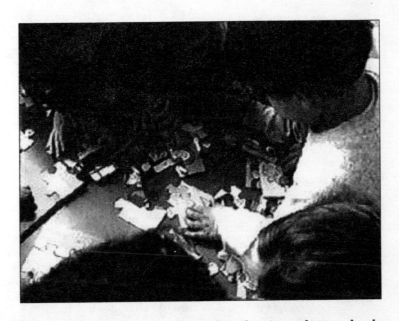

Figura 22.—*Las escuelas infantiles introducen desde edades muy tempranas el factor de socialización. Nunca antes el niño se había socializado tan pronto, con la puesta en común del desarrollo de sus capacidades. El niño ya no es único, pues el encuentro con sus iguales está garantizado casi desde que es un bebé.*

Modelos científicos que desarrollan la estimulación de la inteligencia

13

Cuando nos introducimos en el terreno de los modelos, ineludiblemente estamos ante el contraste de las diversas teorías, y la polémica establecida en relación a los propios conceptos. Ni que decir tiene que la consideración del concepto de «temprana», «precoz», ya en sí mismo implica una determinada concepción.

La verdad es que si tenemos como objetivo estimular aquello que entra dentro de los límites del desarrollo del niño pequeño, la palabra temprana, o precoz, con relación a la estimulación, sobrarían.

Algunos han dicho que no existe realmente ninguna estimulación temprana, sino una estimulación necesaria. Si el niño puede mediante sistemas de estimulación desarrollar una mejor capacidad general, la estimulación es necesaria, nunca temprana ni precoz.

Sin embargo, como el término precoz o temprana son ya formas de hablar históricas, pero, por consideraciones de populari-

dad en la terminología, también debemos decir que existen diversos modelos que, en el fondo, denotan objetivos y métodos diferenciales. La estimulación precoz tiene el objetivo de capacitar a los niños que no los tienen, o los tienen disminuidos. Nuestros sistemas tienen el objetivo de potenciar las capacidades de los niños en general, de un modo pedagógico y educativo.

Conocer los principios generales de la estimulación precoz y otros modelos es muy importante debido a que todo sistema de estimulación presenta con ella muchos puntos en común, pero también muchas diferencias.

La denominación temprana y precoz se ha usado para referirse a lo mismo en muchos casos.

Para Roldán Álvarez: «La estimulación precoz o temprana es un programa de rehabilitación que emplea un conjunto de medidas establecidas desde el mismo momento de la detección de cualquier retraso o alteración valorable del desarrollo psicomotor del niño, para conseguir el mayor número de estímulos que faciliten dicho desarrollo.»

En esta definición vemos la mecánica fundamental para el establecimiento de un programa de estimulación precoz; primero se establece un proceso de diagnóstico, luego se establece un programa de tratamiento. Este procedimiento, como podemos observar, es profundamente clínico.

Este es el origen al que siempre nos referimos cuando hablamos de estimular en las edades tempranas. Mejor dicho, es a partir de este modelo cuando se comienzan a conformar los programas de estimulación temprana, que, cuando se dirigen a niños sin problemas, adquiere una nueva dimensión de orden pedagógico, como seguidamente veremos, que nos aparta ciertamente de él. También vemos que esta concepción clínica realmente es muy mecanicista en su formulación, muy localizadora para poner en funcionamiento meramente mecanismos sensoriales.

Nuestro enfoque

Igual que existen diferencias, también existen coincidencias, y éstas no son menores en importancia, como nos dice J. F. J. Ramírez: «Al igual que en la estimulación personalizada, la estimulación precoz acepta que todo estímulo externo suficiente ejerza una acción determinada o es capaz de ocasionar una modificación de los aparatos sensoriales. Al provocar estas acciones o

modificaciones se da una sensación, el niño llega a tomar conciencia de ello. Todos estos estímulos provocan un complejo funcionamiento de reacciones del presente, asociadas a las vivencias anteriores... los métodos de estimulación precoz parten del principio general que considera que durante su desarrollo, el niño va alcanzando una serie de etapas de conducta, limitadas y representativas, de manera que cada etapa superior se va a alcanzar sólo cuando se ha dominado la etapa anterior.»

Estos son principios ya históricos de utilidad que están ya descritos en el conocimiento del desarrollo evolutivo del niño pequeño, en los que se tiene presente la personalidad del niño, y se adapta a su manera de ser individual.

La estimulación de la inteligencia está muy centrada en el desarrollo psicomotor

Los principios fundamentales de la estimulación precoz mantienen las enormes posibilidades que el niño pequeño posee para producir cambios y adaptaciones.

Esta labilidad del niño a edades tempranas es lo que se aprovecha para influir en las mejoras de déficit comportamentales del niño con retrasos en el desarrollo. La estimulación precoz está muy centrada en los aspectos psicomotores, por ser éstos la base del desarrollo psicológico posterior. Así, el doctor Roldán nos dirá: «El fin de la estimulación precoz será conseguir la rehabilitación del niño; es decir, devolverle todas las capacidades que le corresponden como especie hasta donde sea posible y desarrollar las capacidades potenciales para poder alcanzar una integración social satisfactoria... Durante estas primeras etapas de la vida la motricidad y el psiquismo están íntimamente relacionados, al igual que la maduración orgánica y la experiencia sensomotriz.»

Estos son principios válidos también para los programas de estimulación temprana en la escuela, pero nosotros lo que tratamos es de desarrollar las capacidades de nuestra especie lo más que podamos, también para una mayor facilitación de cualquier niño al ámbito social-familiar-escolar. Desde la introducción de sistemas estimulatorios lo que se pretende con cualquier niño normal es desarrollar al máximo sus capacidades.

Nos dice este mismo autor que venimos comentando sobre los objetivos de la estimulación precoz que, con ello, «se pretende mejorar la capacidad sensorial, la movilidad corporal, el equilibrio, la coordinación, la organización del espacio y el tiempo, la educación de la mano, la comunicación, la deambulación y la preparación para la lectura y el calculo».

Estos objetivos de la estimulación precoz no son altamente familiares en los medios de la educación infantil. Continúa diciendo el doctor Roldán Álvarez: «Los métodos de la estimulación precoz parten del principio general que considera que el niño durante su desarrollo va alcanzando una serie de etapas de conducta, limitadas y representativas, de manera que la etapa superior sólo se alcanza cuando se ha dominado la etapa anterior. Por lo que si se establece un diagnostico preciso de la etapa en la que se encuentra, se programará el tratamiento en base a la adquisición de la conducta y de la actividad propia de la etapa siguiente. Vemos, pues, que es imprescindible el conocimiento del patrón de posibilidades de las distintas etapas para, por comparación, ver el nivel en que se encuentra el niño y poder así establecer las medidas conducentes a alcanzar nuevos objetivos mediatos para su normalización.»

Los principios de la estimulación precoz son válidos para la estimulación de la inteligencia.

Estos principios son válidos también para la formalización de nuestros programas con niños normales. No podemos hacer una pedagogía de la estimulación sin considerar ese conocimiento de los patrones de conducta característicos en cada nivel evolutivo.

El principio de estimulación es el mismo, ya que la mayor capacitación del niño pequeño partirá de la idea de que adelantándonos brevemente en el objetivo ya alcanzado por el niño sin retraso estamos ejercitándolo para que adquiera antes el objetivo inmediato siguiente de desarrollo.

Se puede demostrar, en muchos casos, que los niños están frecuentemente capacitados para desarrollar objetivos que están por delante de lo que se nos está diciendo como de aparición media normal. Máxime cuando los patrones de referencia suelen estar relacionados con observaciones realizadas hace ya muchos años por diversos autores.

El niño tiene y puede desarrollar más de lo que suponemos. Existen autores de referencia obligada como es el caso de Gesell, de Bühler y Hetzer, y otros, en lo que es la observación del desarrollo desde la perspectiva de los patrones de comportamiento.

El niño como persona 14

El niño estaba históricamente siempre referenciado hacia la realidad del hombre como adulto. Era como máximo un adulto en pequeño o un adulto en potencia. Todos sabemos que el concepto de persona es algo que va culturalmente abriéndose paso en nuestro tiempo y que afecta fundamentalmente a temas de orden moral.

Por ejemplo, pensemos en el machismo, que tanto afecta al concepto de persona y mujer; en el de racismo, que toca al ser humano y su dignidad cultural y biológica, y cómo no, el niño también ha sufrido un proceso histórico de devaluación cuando se le ha considerado como un proyecto de persona futura, de algún modo depreciado, dependiente, no terminado, inconcluso, como un proyecto de adulto.

Podemos recordar mil dichos que aludían a esa depreciación del niño en cada momento de su desarrollo. Se ha dicho muchas veces «Cuando seas padre comerás...», «La letra con sangre entra»...

La Psicología Evolutiva, cuando a principios de siglo define su objeto de estudio y comienza a orientarse científicamente a la comprensión de la evolución del psiquismo humano, llega a la conclusión de que el niño posee una psique con sus propias características y leyes.

Anteriormente a esta postura se reflexionaba sobre el psiquismo adulto y el mismo parámetro era válido para el niño. Desde que este punto de vista cambia, cada etapa del desarrollo psíquico se observa como un proceso con sus propias leyes y estructuras dentro de continuos cambios.

Al niño se le contempla ya desde otra perspectiva. Esta nueva visión de la infancia ha posibilitado una nueva pedagogía, una nueva didáctica. Los sistemas educativos modernos no son posibles sin considerar esas ideas como centro de toda pedagogía y de toda didáctica. Es más, la psique del hombre adulto es la consecuencia de un desarrollo infantil y adolescente, sin el cual no tiene sentido su realidad, ni explicación posible...

Los dos grandes autores, entre otros, que abrieron brecha en esta nueva forma de entender lo humano son el suizo Jean Piaget (1896-1980) que estudió la génesis o la formación de las estructuras cognitivas (desarrollo de la inteligencia) en una continuidad de etapas que van desde la niñez hasta la edad adulta, y el otro genial autor que fue Freud, el descubridor del inconsciente, que hace de la niñez la referencia básica de toda realidad psíquica adulta.

Luego, vendrían otros autores y otras escuelas de fuerte influjo en la pedagogía y la didáctica educativa.

Desde esta nueva concepción de la realidad psíquica del niño, a éste se le contempla con una nueva mirada, y se produce un enorme respeto hacia él. La nueva actitud científica que se genera a principio de siglo hasta la actualidad han hecho que todo lo que afecte al niño se tome desde una perspectiva más madura y desde el concepto de persona.

Ya no cabe considerar a un niño como un adulto en potencia. El famoso pedagogo Freire aconsejará a los educadores que quieran tener éxito en su empeño educativo con la frase: «Hazte como un niño y entrarás en el reino mágico de la pedagogía.»

La educación y las grandes escuelas pedagógicas, a la luz de esta nuevas teorías, han visto modificada radicalmente su actuación. Los programas educativos, en la actualidad, tienen muy presentes todos los descubrimientos realizados desde la ciencia de la psicología.

Queda claro que, gracias a las ciencias humanas y naturales, se ha hecho posible que el niño sea objeto de estudio por sí mismo, y esto permite, en nuestra cultura ,un cambio radical de actitud hacia su persona, mejorando su condición.

El niño no es objeto de educación para cuando llegue a la edad de adulto, sino que es una persona por sí mismo y en cada momento; no hay que valorar lo que va a llegar a ser, sino lo que es aquí y ahora. El niño ha ganado en respeto y dignidad.

Con la estimulación temprana se trata de que el niño pequeño potencie más sus propias capacidades.

La evolución del psiquismo 15

La psicología evolutiva contempla la psique desde la dimensión de su desarrollo histórico. Indudablemente los esfuerzos más definidos se han dirigido hacia la caracterización de las diversas etapas y al estudio de la evolución de las características psicológicas humanas, y también del nexo que las unifica.

Hoy día, el concepto de etapa está en plena revisión y se habla de hitos en el desarrollo humano. No obstante, en aras de la pedagogía conservaremos estos términos.

La idea central es la de estudiar la psique a lo largo de las diversas edades: 1) caracterizándola; 2) observando su cambio de una edad o etapa a otra; 3) cómo se unifica en los cambios, nexos de unión entre unas y otras.

Esto es básico para la consideración de la Estimulación Temprana como sistema pedagógico, ya que sin conocer esas características que afectan a la evolución de la personalidad en sus primeros años, son imposibles los programas que estimulen ese desarrollo. Es, por tanto, de fundamental referencia conocer esas caracterizaciones, cambios y nexos, que algunos han llamado patrones de desarrollo temprano.

La inteligencia sensomotriz

Por ejemplo, desde Piaget se sabe que la inteligencia adulta como tal no existe en el lactante. Éste no tiene una inteligencia en el sentido adulto, pero sí la tiene en el sentido lactante.

En el sentido lactante su inteligencia es sensomotriz. Sin esta inteligencia, en su origen, no se puede concebir la del adulto que evoluciona por diversas etapas.

Como consecuencia de estos estudios podemos ver que el aprendizaje, según las leyes de la inteligencia sensomotriz, tienen unas características diferenciales a como el aprendizaje se da en el adulto.

Esto, a nivel de instrucción pedagógica, caracteriza un tipo de educación de la infancia y da razón a cualquier programa de estimulación de la inteligencia dirigida a bebés.

Uno puede pensar en la estimulación sensorial auditiva, táctil, visual, olfatoria, gustativa...

El conocimiento de las diversas edades da sentido a la estimulación de la inteligencia

Cada realidad tiene su mismidad, y ésta es posible estudiarla gracias a la diversificación que la psicología evolutiva ha realizado sobre las diversas edades, así como sacar unas aplicaciones que sean propias y adaptadas a los diversos periodos. Esto es lo que está sucediendo con la implantación de los diversos sistemas educativos actuales; cada vez se tiene más en cuenta las capacidades del ser humano según sus características evolutivas.

Por ejemplo, cuando la educación infantil del primer ciclo trata el hecho educativo del niño del primer año, es obvia y manifiesta la continua referencia curricular a la capacidad del niño de estas edades como condicionante fundamental al programa educativo. En las orientaciones generales, en los objetivos y procedimientos de cada área, en cada bloque se manifiesta un concepto fundamental que alude a la inteligencia sensomotriz como un motor que hace posible el aprendizaje a estas edades. Justo es reconocer que este concepto es un gran descubrimiento del genetista evolutivo Jean Piaget.

Así, observamos en las orientaciones pedagógicas una continua referencia al progreso motor del niño como adaptación al medio, que es imposible en el lactante no ponerla en relación a los reflejos congénitos y su evolución en lo que se denomina como las reacciones circulares primarias y secundarias, o reacciones de conductas adaptativas.

Para estas edades existen multitud de programas basados en estos conocimientos que se denominan de estimulación temprana. En el lactante, adaptadas a ese mundo de los ejercicios reflejos y las reacciones circulares.

La inteligencia sensomotriz no es otra cosa que los medios de adaptación que el lactante emplea en términos de sensaciones y respuestas motrices. Esta inteligencia, o capacidad, va evolucionando, y al interiorizarse, evoluciona hacia otras formas que hacen del niño un ser con una psique en una nueva caracterización que le permite modos diferentes de aprender.

Es desde esta postura cognitivista desde la que parte el reconocimiento adaptativo que el niño hace usando su cuerpo, y poniéndolo en relación también con el mundo que le rodea, de la que parten la multitud de programas que se han ido generando para estimular al niño pequeño en sus aptitudes tal y como son.

Ningún programa dirigido al bebé puede estipular otra inteligencia que ésta, porque la inteligencia tal y como existe en el adulto no es posible. Podríamos decir que estimular la inteligencia del bebé sin hacer un distingo entre el concepto de inteligencia adulta o infantil resulta una empresa imposible. En estimulación temprana resulta fundamental definir las cosas, y a partir de ello podemos aplicar programas oportunos.

La psique y el cuerpo

La psique y el cuerpo son dos realidades indisolubles e indivisibles. No son separables. Son dinámicas, cambiantes. La psicología hace un planteamiento inequívoco sobre el tema psique-cuerpo, hace de ella una realidad única. Esto se demuestra cuando se ve cómo nace y se desarrolla la psique, que no puede entenderse sin el crecimiento, desarrollo y evolución del cuerpo.

Tanto es así que los psicólogos evolutivos saben que en los primeros meses de la vida no es posible saber nada de la psique si no es a través de las manifestaciones del cuerpo; son precisamente los programas de estimulación centrados alrededor del cuerpo y su uso la referencia básica educativa, y ésta comienza con la estimulación del nivel reflejo. Las vivencias de los reflejos congénitos dan lugar a la diversidad de facetas de la psique humana. La psique comienza a construirse a través de las vivencias del propio cuerpo.

El desarrollo intelectual del lactante no es otra cosa que desarrollo y vivencia motora, lo cual es una adaptación al medio. Esto demuestra la indisolubilidad de la psique y el cuerpo desde sus orígenes.

La estimulación sensorial antes de nacer

Podríamos creer que el origen psíquico comienza justo al nacer, desde el nacimiento. Pero esto es un error a la luz de los nuevos datos científicos actuales. La psique nace a la vez que el cuerpo adquiere capacidad de integración de la información en el cerebro ya en la temprana etapa del periodo fetal, e incluso antes.

Es indiscutible que una vez formados los órganos corporales en el niño intrauterino es posible la existencia de un psiquismo. Hay que decir que es demostrable que existen como mínimo grabaciones psíquicas de impresiones vividas en el interior del útero.

Así lo demuestra que el niño al escuchar los latidos del corazón cuando nace se relaja, también si escucha la voz materna, etc. Se sabe que el niño posee patrones de vivencias motrices, adquiere tono y realiza ciertos movimientos coordinados. Y que a nivel auditivo es capaz de recibir señales acústicas, que llegan transformadas en impulsos nerviosos a la corteza cerebral, ya a los cinco meses y medio después de la fecundación.

Por tanto, ese sentido de unicidad entre la psique y el cuerpo es mucho más remoto y antiguo que la consideración del primer año. Existen muchos datos que avalan estas hipótesis, lo cual hace plausible el concepto de educación prenatal en orden a la estimulación prenatal.

La realidad psicosomática en el hecho de la estimulación de la inteligencia

Es ya una realidad científica admitida por todos que existe una implicación denominada psicomática y otra dirección somatopsicológica.

Son ejemplo de la primera, las reacciones que produce el mundo de las emociones, y de la segunda podemos observarlas a través de fármacos y drogas como el alcohol. Es impensable hoy día creer que el cuerpo es habitado por una psique de modo independiente, sin apenas relación. Al ser humano no se le puede entender sin la indisolubilidad de la psique y el cuerpo. Y mucho menos en la infancia, en las edades denominadas tempranas (0-3 años). La psique en su inicio no es mucho más que el propio soma.

La inteligencia como adaptación

Podemos decir que la inteligencia del adulto llega a tener su realidad adaptativa, su singularidad lógica/abstracta gracias a un proceso de desarrollo que se inicia probablemente antes del nacimiento, pero que es observable de alguna manera a nivel sensitivo y motriz desde el primer año de la vida. Llegar a un consenso conceptual sobre el término inteligencia es algo realmente dificultoso: ¿Qué es la inteligencia? Es un concepto muy poco claro. La inteligencia se puede quizá entender como adaptación general al medio.

Evolución

La evolución en el sentido psicológico, según Monedero, «es un continuo cambio de formas y estructuras, en las que continuamente está apareciendo algo nuevo». La psicología también como otras ciencias tomarón profundas referencias de la Teoría de la evolución de las especies de Darwin, e inspiraron la evolución psicológica con referencia ontogenética y filogenética. Expresa la síntesis que se produce por el efecto del crecimiento y el desarrollo, además del influjo del medio externo-social.

La evolución psicológica expresada en lenguaje, en lo social, en lo intelectual, etc., sigue unas ciertas leyes y principios que es lo que condiciona los programas de estimulación temprana.

Algunos ejemplos de principios fundamentales a la hora de generar programas de estimulación de la inteligencia son: a) pasamos de los comportamientos más simples a los más complejos (del llanto a la frase); b) de lo genérico a lo específico (de la exitación general del bebé al control de las emociones y su diferenciación en amor/odio...

Maduración

Monedero entiende por maduración «aquel despliegue de estructuras y funciones biológicas que, partiendo del huevo o cigoto, formado por la unión del óvulo y el espermatozoide, lleva a la configuración del cuerpo humano completo. El panorama madurativo está a grandes rasgos determinado genéticamente, y no se limita sólo a condicionar las funciones y estructuras corporales, sino que determina un buen número de rasgos psicológicos como, por ejemplo, los temperamentales».

La maduración viene a referenciar en gran parte mucha de la determinación biológica en los individuos. Poseemos pautas de conducta que no necesitan de aprendizaje; quizás aquí, por ejemplo, se inserten las conductas instintivas y otras formas más complejas. Para que exista aprendizaje es necesario que haya maduración, aunque no es muchas veces suficiente para que determinados aprendizajes se den. El desarrollo se apoya en la maduración.

Hominización

Es José Luis Pinillos quien en su obra *Principios de psico-*

logía desarrolla magistralmente las implicaciones de estos dos conceptos. El proceso de hominización lleva al hombre en su evolución desde la animalidad, con sus implicaciones de vida psicológica sensitiva, hasta la cumbre de la formación de su psique que conoce al hombre capaz de adentrase en su historia como proceso de humanización. Es muy importante tener en cuenta la evolución del sistema nervioso en ese proceso denominado de hominización, fundamentalmente en lo que se refiere a los cambios que afectan a la corteza cerebral, que es la sede de la organización de la vida mental superior. Hay que constatar que se produce un gran hito en la filogénesis del hombre cuando éste empieza a utilizar sus manos, haciendo uso de las herramientas, y por supuesto anteriormente todo el proceso de evolución de la marcha, por la cual pasa a ser un animal bípedo, que es capaz de usar libremente las manos, lo que junto a la oponibilidad del pulgar le llevó a utilizar sus manos para múltiples usos, y comenzó a fabricar sus herramientas.

El ser humano es lo que es gracias al uso de herramientas. La inteligencia de nuestra especie es posible gracias a la relación que el hombre primitivo logra entre su cerebro y el uso de sus intrumentos a través de la manos. Leroi Gourhalt, prehistoriador muy famoso mundialmente, pone énfasis en esta teoría. Las manos y el cerebro hacen que el hombre sea lo que ahora es, capaz de poseer inteligencia en el sentido humano. El hombre entra en un proceso de humanización gracias al utensilio.

Humanización

Gracias a sus manos y la capacidad de su uso por integración de la información en su cerebro, el hombre entra en la historia (prehistoria).

La gran evolución del uso que hace de las herramientas posibilita que su cerebro se desarrolle de un modo extraordinario y diferente al resto de las especies animales.

El hombre, de esta forma, implicado en un proceso de convivencia tribal, o social, genera algo que es extraordinario, poder comunicarse unos con otros mediante emisiones fonéticas, que probablemente fueran en sus inicios emisión de sonidos, que en el tiempo generaron en palabras y luego en frases, hasta llegar al lenguaje simbólico.

Todo este proceso comunicacional hace del ser humano una

especie diferente, que construye su propia realidad, alejada de la propia naturaleza. Surge, pues, un ser fundamentalmente simbólico-abstracto. Su proceso de evolución no es ya puramente homínido, sino que ahora aparece una nueva línea evolutiva que podemos denominar de humanización creciente. Producto de esta humanización es la propia historia del hombre como nuevo ser social, y que gracias al lenguaje escrito queda constancia de parte de ella. Es posible la formación de las sociedades y las culturas. Nosotros en la actualidad formamos parte de ese proceso.

Lenguaje y desarrollo humano desde el hombre primitivo

Con el lenguaje el hombre entra, desde el punto de vista psicológico, en los procesos de abstracción, y lo que ello significa en todos los órdenes de su vida. El lenguaje hablado es uno de los rasgos que distingue a la especie humana del resto de las especies. El lenguaje le da un carácter de especie singular. El lenguaje hablado es uno de los aprendizajes temprano de mayor importancia, de mayor envergadura dentro de los programas que lo estimulan.

La psicomotricidad y la inteligencia 16

Fue un término definido por Dupré para expresar la relación existente entre las funciones motrices, las intelectuales y las afectivas. La raíz «psico» referiría la evolución de la estructura afectivo/intelectual, mientras que la raíz «motricidad» se referiría a la evolución de la estructura anatono-fisiológica, movimientos y coordinaciones motrices.

Hasta los tres años, aproximadamente, predominaría la evolución anatomo-fisiológica, o motórica, en el niño, o lo que es lo mismo, la actividad y la función motriz, que al mismo tiempo constituyen la base de la afectividad y de la actividad intelectual. De los tres años en adelante se invierte la importancia de esos dos términos, pasando a repercutir con más entidad en la estructura afectivo-intelectual la actividad psicológica.

La psicomotricidad es al principio un proceso motor, que tiene que ver con la organización progresiva de los movimientos del cuerpo. Al finalizar el primer año, con la marcha, que supone un nivel de integración de su psicomotricidad muy importante, permite al niño ubicar su cuerpo con el resto de los objetos, manteniendo con ellos una relación recíproca. Es decir, la actividad motora del niño también es organización sensorial y perceptiva; por tanto, psicológica o mental.

La integración de las sensaciones es de dos tipos en el niño: a) interoceptiva, la información que le llega de su propio cuerpo, y b) exteroceptiva que, es la información que le llega de fuera, del mundo externo. Por ejemplo, que el niño reaccione reconociendo su imagen en el espejo indica esa capacidad de integración de las sensaciones que le viene del mundo exterior. En el primer mes no reacciona. En el tercer mes reacciona ante su imagen como si fuera la de un extraño. En el octavo mes se sorprende al ver su imagen. Al primer año se reconoce totalmente su imagen. Esto indica el progreso de la integración de la información exteroceptiva...

La estructura anatomo-fisiológica está en función directa con el desarrollo orgánico, y gracias a él es posible la actividad motriz; para ello es fundamental el desarrollo de la función neuromotora. La forma más primaria de estas funciones son los reflejos congénitos, que dan pie a los movimientos incoordinados del lactante. Gracias a las denominadas reacciones circulares primarias el niño va progresivamente evolucionando en su coordinación motriz, hasta que al final del primer año es capaz de un movimiento perfectamente coordinado. Esto desarrolla la función para producir posteriormente representaciones mentales: posibilita la imagen mental y el lenguaje.

Los logros motores voluntarios se tornan posteriormente actos motores automáticos, que dejan libre al niño para el desarrollo de otras actividades. Dice Carmelo Monedero, con respecto a la psicomotricidad, que «los movimientos son ya en el niño inteligentes y afectivos».

La evolución de la estructura afectivo-intelectual, como hemos dicho, no se puede separar de la actividad motriz al principio del desarrollo.

La parte inteligente de la psicomotricidad se define como los medios que el niño emplea para desenvolverse. Así como la afectividad la constituyen los fines por los que el niño pequeño hace las cosas, éste persigue unos fines con su motricidad. A través de los medios que emplea y los fines que persigue el niño asimila el entorno. Se genera la psique del lactante. Esa

asimilación es potenciada y mejorada por los programas de estimulación temprana.

La psicomotricidad permite en el niño la integración en su cerebro de todas la funciones sensoperceptivas, en relación con los sentidos: vista, tacto, oído... Al finalizar el primer año de vida es capaz de integrar toda la información que le llega de los sentidos. Logra integrar todas las percepciones en un solo mundo. Los programas de estimulación de la inteligencia persiguen esto fundamentalmente, activar al máximo las funciones sensoperceptivas.

Los objetivos a lo largo de los tres primeros años de vida deben cubrir la educación de la capacidad sensitiva, la percepción y la capacidad representativa-simbólica. Sus contenidos, los ejercicios de estimulación deben desarrollar el esquema corporal, la tonicidad, el control postural, el control respiratorio. Potenciar la adquisición de los conceptos témporo-espaciales, las capacidades perceptivas, el precálculo y la grafomotricidad.

Para que el niño adquiera el concepto de espacio es necesario que viva corporal-motrizmente las situaciones espaciales. La noción de espacio se elabora progresivamente a través del desarrollo psicomotor. Se van asimilando los movimientos del gesto: arriba-abajo; derecha-izquierda... Luego, se asimila el espacio exterior vivido, representándoselo desde dentro. Esto es básico en muchos de los programas de la estimulación temprana.

El concepto de tiempo está ligado al de espacio, aunque es posterior y de más difícil representación. Se asimila el concepto de tiempo a través de experiencias relacionadas con el ritmo sonoro y los gestos relacionados con las experiencias auditivas, visuales y táctiles.

Las capacidades perceptivas se relacionan con las experiencias de los colores, los sonidos, el volumen, el peso, la longitud, la forma, la cantidad... Son la base posterior en la que se apoyan la escritura, la lectura, el cálculo y el pensamiento lógico...

El esquema corporal se construye por medio de las múltiples experiencias motrices que el niño vive, que se integran a nivel mental y en el sistema nervioso. Son elementos de esas experiencias el control tónico, el control postural, el control respiratorio. El niño, pues, construye y asimila el esquema corporal a través del control y el conocimiento de la actividad corporal que el niño hace.

La sensación, la percepción, la representación mental, las operaciones y manipulaciones concretas y reales, las operaciones abstractas y mentales, la adecuación a la realidad, la creación de nuevas realidades... Se deben potenciar los ejercicios que desarrollen la utilización del cuerpo y su conocimiento, el control del movimiento, el gesto expresivo... Se debe comenzar potenciando en primer lugar los movimientos globales y luego los fragmentarios.

El proceso de la inteligencia y la afectividad

17

El ser humano, gracias a su capacidad de adaptación al medio que le rodea, a su capacidad de aprendizaje, va haciendo que su inteligencia de alguna manera crezca, se desarrolle, evolucione.

La inteligencia adulta, tal y como la evalúan los psicólogos, no existe en su origen. La inteligencia adulta no existe en el niño. En el niño existe, en el primer año de la vida, una inteligencia (adaptación al medio) sensomotriz.

A partir de este momento, de la experiencia cada vez más compleja y enriquecedora por la que el niño atraviesa, van sucediéndose diversas etapas o hitos evolutivos en su desarrollo; el niño logra enriquecer su experiencia intelectiva.

Piaget cree que la inteligencia es una manifestación adaptativa visible en todos los seres vivos y cuya finalidad principal es la adaptación al medio. Según este autor, permite dos procesos: la adaptación y la asimilación.

La inteligencia en el sentido humano es una manifestación natural más de esa capacidad que existe en la naturaleza, en todos los seres vivos, de adaptarse al medio y asimilarlo.

En los seres humanos la adaptación al medio y su asimilación pasa por diversas fases o etapas. Es un complejo proceso de aprendizaje en el que el cerebro juega un papel muy importante, ya que por mediación suya, es posible que integremos una enorme cantidad de información, que tiene mucho que ver con el concepto de inteligencia.

Etapas de la inteligencia sensomotriz

El lactante, pues, sabemos que carece de inteligencia en el sentido adulto, y que el concepto de inteligencia es muy difuso y complejo. La inteligencia sensomotriz se inicia con los reflejos congénitos; estos reflejos son una forma de conducta muy determinada a nivel genético que siempre cumple una función adaptativa. Pensemos por ejemplo en el reflejo de succión y la necesidad de supervivencia alimenticia. Los reflejos congénitos son, pues, pautas adaptativas. A partir de estas experiencias reflejas el niño va adquiriendo conductas adaptativas más complejas. Aparece lo que Piaget denomina como dos tipos de conductas adaptativas, o reacciones adaptativas, que poseen un nivel de complejidad mayor que los reflejos, llamadas reacciones circulares.

Siempre según Piaget, evolutivamente aparecen las reacciones circulares primarias y luego las secundarias. ¿Qué son las Reacciones Circulares Primarias? Son ejercitaciones que el niño realiza sobre su propio cuerpo de tal modo que le permiten aprender a manejarlo. El lactante va descubriendo movimientos casuales sobre su propio cuerpo. Al principio son casuales y luego él los repite hasta asimilarlos. Posteriormente surgen las Secundarias.

¿Qué son las Reacciones Circulares Secundarias? Son unas conductas adaptativas de mayor nivel evolutivo, y están en relación con el conocimiento de los objetos del mundo circundante. Al principio ejercita y repite movimientos que tienen efectos sobre el medio externo; en el inicio suceden por casualidad, luego debido a la atención que les presta los repite hasta que logra asimilar características del medio externo (algo que casualmente se ha caído y hace ruido, si se lo damos lo tira para sentir su efecto...)

Aprende características de los objetos y está atento a ellos para adaptarse a sus efectos. Las Reacciones Secundarias son conductas adaptativas cada vez más complejas y flexibles en el lactante.

Podría plantearse la cuestión: ¿Qué medio emplea el niño lactante en todas estas conductas?: Integra sensaciones y da respuestas motrices. Por eso Piaget a la inteligencia del lactante la llama inteligencia sensomotriz, y todo aprendizaje del lactante se basa en esta capacidad que singulariza en este periodo la vida intelectiva humana.

Programa de actividades:

a) Actividad motriz corporal:

— Dominio muscular.
— Estimulación de movimientos.

b) Actividad motriz manual:

— Desarrollo de los movimientos coordinativos de manos y dedos.
— Presión.
— Tacto diferenciado.
— Manipulación de diversos objetos.

— Medios: Juguetes, imitación de gestos. Diversas manipulaciones.

c) Desarrollo sensorial:

— Reacciones de los sentidos ante estímulos diversos.
— Reconocimiento de las personas y de los objetos.
— Conocimientos concretos.
— Medios: personas, juguetes de colores y sonidos...

Evolución posterior de la inteligencia

Brevemente diremos que esta capacidad, que es externa durante la lactancia, pasa a ser interna y a hacerse representativa con diversas connotaciones

Evolución de la afectividad

Cuando hacemos referencia al concepto de afectividad casi siempre estamos implicados y manejando conceptos fundamentalmente psicoanalíticos. Aunque ahora vamos a definir de modo general sus fundamentos más básicos ya expuestos por Freud, por supuesto que profundizaremos en otros muchos autores y nuevas teorías. Por ejemplo, Spitz no deja de ser un representante de

esto. O Ana Freud, la hija de Freud, o Melanie Klein...

El psicoanálisis es una ciencia que trata de entender el psiquismo humano y su evolución. Para algunos como José Luis Pinillos es una filosofía que lo intenta explicar todo en el hombre. Freud hizo un descubrimiento realmente importante: la existencia en los seres humanos del inconsciente; para su conocimiento este autor empleó el método de la interpretación, mediante el cual podemos explorar esa dimensión inconsciente de la psique humana.

Lo inconsciente para esta ciencia es la que produce en su dinámica y leyes la otra realidad denominada vida consciente del hombre. En el sentido de la psicología evolutiva el psicoanálisis explica como determinante de la psicología adulta las experiencias vividas en la infancia. Las primeras vivencias de los seres humanos conforman el futuro psicológico, de tal modo que ellas quedan soterradas en el inconsciente y siempre se encuentran ahí. Se forma, pues, la personalidad.

El niño, durante sus primeros años de vida, pasa por una serie de fases que determina su carácter. Estas fases son: Hacia el primer año de la vida, la fase oral. Hacia el segundo año por la fase anal y en el tercero pasan por la fase fálica. Cada una de estas fase tiene que ver con aspectos vitales del ser humano, y fija en el niño un carácter que predomina hasta la edad adulta.

Estas teorías son mucho más serias y profundas de lo que podemos expresar aquí, ahora. Pero más adelante observaremos cómo se relacionan con la afectividad humana, también en relación con otros seres humanos, principalmente la madre.

Durante los seis primeros años de la vida se conforma la personalidad humana, de la que la afectividad es un factor esencial del desarrollo correcto del niño. En educación infantil el objetivo que debemos considerar prioritario es el de la equilibración afectiva del niño en todo momento. Un desequilibrio en esa compleja realidad supone que el niño entre en una fase variable de reacciones neuróticas (desadaptaciones, descontroles del pis y la caca, regresiones...).

Los límites de la estimulación de la inteligencia

El desarrollo, por tanto entiende de las modificaciones de los seres vivos en cuanto a su conducta, que está en franca dependencia con la maduración. Si no existe maduración físico-biológica difícilmente podremos tener determinados aprendizajes que pueden requerir de una base somática madura. Eso pasa con la inteligencia adulta y la infantil.

En el adulto existe la lógica y la abstracción, que no existe, por ejemplo, a los tres años, porque no hay base suficiente ni madurativa ni de desarrollo. Estos son los límites que los propios programas de estimulación temprana van imponiendo al considerar los hitos del desarrollo evolutivo.

Cuando en un niño en edad infantil medimos retraso en su edad mental, que se entiende como Coeficiente Intelectual, lo que evaluamos es un retraso en el desarrollo, que puede tener una base de retraso madurativo. La edad mental es la cronología del niño respecto a su desarrollo psicológico, cognitivo, con referencia a lo que es normal en su edad cronológica.

Gesell en su obra *Diagnóstico del desarrollo* evalúa una edad de desarrollo que trata de medir la evolución en las áreas de lenguaje, motricidad, adaptación y la personal y social del niño, y así establecer criterios de desarrollo normal o no. Cuando, según este autor, son equivalentes la Edad Mental (EM), la Edad Cronológica (EC) y la Edad de Desarrollo, éste se produce de una manera armónica. Cuando existe desequilibrio entre ellas es el momento de la consulta al especialista y de generar los programas de estimulación oportunos. Los estudios de este autor son básicos en los programas de estimulación temprana y en los precoces relacionados con los problemas del desarrollo.

ÍNDICE

11/13 ⑦ 6/13
1/16 ⑧ 3/14